国家社会科学基金青年项目"我国研发（R&D）资本存量测算研究"（11CTJ011）资助

我国研发统计及资本化问题研究

王孟欣 王俊霞 著

中国社会科学出版社

图书在版编目（CIP）数据

我国研发统计及资本化问题研究/王孟欣等著.—北京：中国
社会科学出版社，2016.11
ISBN 978 - 7 - 5161 - 9235 - 1

Ⅰ.①我…　Ⅱ.①王…　Ⅲ.①国民经济计算体系—研究—
中国　Ⅳ.①F222.33

中国版本图书馆 CIP 数据核字（2016）第 266526 号

出 版 人	赵剑英	
责任编辑	谢欣露	
责任校对	周晓东	
责任印制	王　超	
出　　　版	中国社会科学出版社	
社　　　址	北京鼓楼西大街甲 158 号	
邮　　　编	100720	
网　　　址	http：//www.csspw.cn	
发 行 部	010 - 84083685	
门 市 部	010 - 84029450	
经　　　销	新华书店及其他书店	
印刷装订	三河市君旺印务有限公司	
版　　　次	2016 年 11 月第 1 版	
印　　　次	2016 年 11 月第 1 次印刷	
开　　　本	710×1000　1/16	
印　　　张	14.5	
插　　　页	2	
字　　　数	209 千字	
定　　　价	56.00 元	

前　言

　　研究和开发（简称研发，R&D）活动是科技活动的核心部分，也是提升国家创新能力的根本保证。2016年5月党中央、国务院发布《国家创新驱动发展战略纲要》明确指出，我国科技事业发展的目标是，到2020年时使我国进入创新型国家行列，到2030年时使我国进入创新型国家前列，到新中国成立100年时使我国成为世界科技创新强国。这在为我国的科技工作确立发展目标的同时，要求社会各界更加重视R&D活动。

　　在此背景下，本书以R&D活动的研究为切入点，重点研究了R&D统计及资本化问题，具体而言主要涉及三个方面内容：R&D统计、R&D资本化及R&D资本存量测算。全书共分为八章内容，第一章和第二章构成了本书的研究基础部分。第一章为引言，介绍了本书的研究背景及研究意义，厘清了相关研究概念，对现有相关研究文献进行了梳理与综述，最后概括了本书的结构及研究框架。第二章刈R&D的内涵及资本属性进行了分析，讨论了其一般性质及特性，并界定了R&D资本与其他资本的区别。

　　第三章和第四章则主要针对R&D统计问题进行研究。第三章通过梳理国际科技统计的发展历史，对经济合作与发展组织（OECD）、联合国教科文组织等科技统计状况进行了概括，并结合2013年度OECD的科技统计调查表，对OECD的R&D统计发展状况等进行了深入剖析；第四章则结合我国现行科技统计制度，就我国工业企业、科研机构、高等学校科技统计制度进行了剖析，深入分析了我国现行科技统计制度存在的主要问题。

　　第五章重点讨论R&D资本化对我国国民经济核算体系（SNA）

的影响问题。首先追踪了 R&D 在 SNA 体系中的资本化过程；其次从基本核算表和国民经济账户两个角度分析了 R&D 资本化的影响，并测算了 R&D 资本化对 GDP 指标的具体影响程度。

第六章重点关注 R&D 资本存量测算问题。通过构造 R&D 资本存量测算模型，合理确定相关参数，从国家层面、行业层面、区域层面、活动类型等多个角度测算了我国的 R&D 资本存量。

第七章承接第六章的分析结果，实证研究了 R&D 对经济增长的影响。

第八章为研究结论及相关建议，对本书的研究内容进行了总结，并提出了相应的政策建议。

目 录

第一章 引言

第一节 研究背景及意义

自改革开放以来，我国经济快速增长，GDP总量由1978年的3650亿元增长到2015年的67.67万亿元[①]，按可比价格计算增长了29.21倍，年均增长率达9.65%，经济总量已经居世界第二位；同时，我国进出口总额、财政收入、外汇储备总额等也有大幅度提升，这大大提升了我国的经济实力以及在世界经济中的影响力。进入21世纪之后，特别是我国加入世界贸易组织（WTO）以来，伴随着经济改革的不断深入，在经济快速发展的同时，我国经济结构、经济增长方式和经济运行机制等已经或正在发生着深刻变化，由此引致的经济增长进入了持续快速发展的新阶段。

在经济快速增长的同时，我国面临着巨大的环境与资源方面的压力，正如《国家中长期科学和技术发展规划纲要（2006—2020）》中指出的，我国"经济增长过度依赖能源资源消耗，环境污染严重；经济结构不合理，农业基础薄弱，高技术产业和现代服务业发展滞后；自主创新能力较弱，企业核心竞争力不强，经济效益有待提高。在扩大劳动就业、理顺分配关系、提供健康保障和确保国家安全等方面，有诸多困难和问题亟待解决"。这些现实问题和困难，无疑对我国原有的经济增长路径和发展方式形成了巨大的挑战和压力。现有环境、

[①] 2015年GDP数据来源于国家统计局2016年1月公布的GDP初步核算结果。

资源、土地等各种生产要素，已经难以支撑我国粗放式的发展。因此，转变经济增长方式，降低对环境、资源等各种要素的消耗，提高经济增长的质量已经成为我国经济稳定增长的必由之路。

科技是促进经济增长方式转型、提升我国国际竞争力的重要因素，这已经成为社会各界的共识。特别是在近年来我国经济进入新常态、迫切需要进行经济转型的关键时期，强调科技创新尤为重要。2016 年 5 月，习近平总书记在全国科技创新大会、两院院士大会、中国科协第九次全国代表大会上的讲话当中指出："科技是国之利器，国家赖之以强，企业赖之以赢，人民生活赖之以好。中国要强，中国人民生活要好，必须有强大科技。"2016 年 5 月党中央、国务院发布《国家创新驱动发展战略纲要》，其中明确指出：我国科技事业发展的目标是，到 2020 年时使我国进入创新型国家行列，到 2030 年时使我国进入创新型国家前列，到新中国成立 100 年时使我国成为世界科技创新强国。这为我国的科技工作确立了发展目标，指明了前进方向。

在此背景下，研究和开发（Research and Development，以下简称 R&D 或研发）作为科技活动中最重要的组成部分，也日益受到各个方面的重视。近年来，我国不断加大 R&D 方面的投入，R&D 经费支出由 1995 年的 348.69 亿元增长到 2015 年的 14220 亿元，R&D 经费投入强度（与 GDP 之比）达到 2.10%。从总量上看，我国已经进入研发活动大国的行列。

在 R&D 活动不断活跃的同时，我国关于 R&D 的理论、方法与实践等方面的研究仍然比较薄弱，对深入研究 R&D 活动的作用形成一定的瓶颈。如在 R&D 统计方面，我国 R&D 统计起步较晚，现有 R&D 统计制度与国际标准之间还存在一定差异，导致统计数据质量仍存在一定的提升空间；再如，关于 R&D 资本化研究方面，《国民经济核算体系（1993）》（SNA1993）认可了 R&D 活动的资本特性，但并没有将其视为投资活动进行核算，《国民经济核算体系（2008）》（SNA2008）则改变了这一做法，将 R&D 视为投资纳入资产负债核算，同时会使若干宏观经济指标如 GDP 发生变化，我国在此方面的研究仍然较少。另外，R&D 资本存量的测算也是与资本化紧密结合的一个研究领域，但由于测算上的困难，在此方面的研究仍处于起步阶段。

基于上述有关 R&D 活动研究当中存在的不足，本书在分析 SNA2008、《弗拉斯卡蒂手册——研究与试验发展调查实施标准》（以下简称《弗拉斯卡蒂手册》）等推荐的国际标准基础上，通过对比我国与国际发达国家 R&D 统计状况，对我国 R&D 统计进行了研究；通过梳理 SNA 体系中 R&D 资本化的过程，分析了 R&D 资本化对我国 SNA 体系的影响；在测算 R&D 资本存量的基础上，进一步研究了 R&D 资本对经济增长的作用。本书在一定程度上能够夯实有关 R&D 研究的理论基础，为建设创新型国家做出贡献。

第二节　相关研究概念

本节对研究当中涉及的几个相关概念进行了界定，包括研究和开发（R&D）、知识和知识经济三个相关概念。其中，R&D 是本书的核心概念，厘清 R&D 概念的内涵，对其边界进行界定，探讨其资本特性，对于本书的后续研究至关重要。因此，此处仅就 R&D 概念的一般内涵进行介绍，详细界定与讨论参见第二章内容。

一　研究和开发

研究和开发，有的文献当中也译为研究与试验发展①、研究与发展，或简称为研发。关于 R&D 的内涵，有许多国际组织及一些国家的相关部门均进行过探讨，比较有影响的是联合国国民经济核算体系（SNA）及 OECD②《弗拉斯卡蒂手册》当中对 R&D 活动的定义与

---

① 在 OECD《弗拉斯卡蒂手册》中，将 R&D 译为"研究与试验发展"；在 SNA1993 和 SNA2008 中，将 R&D 译为"研究和开发"。本书对 R&D 一般采用"研究和开发"的中文译法，但涉及《弗拉斯卡蒂手册》相关的章节时，也会采用"研究与试验发展"的译法。

② 经济合作与发展组织（Organization for Economic Co-operation and Development），简称经合组织或 OECD，是由 35 个市场经济国家组成的政府间国际经济组织。该组织成立于 1961 年，总部设在巴黎。目前，OECD 已经成为 R&D 统计方面领先的国际组织，其有关 R&D 的统计标准和规范广泛为其他国际组织和世界各国所采用。

解释。

在我国的科技统计中,科技活动分为以下四类:研究与试验发展(R&D);研究与试验发展成果应用(R&D 成果应用);科技教育与培训(STET);科技服务(STS)。其中,R&D 指为增加知识的总量(包括增加人类、文化和社会方面的知识),以及运用这些知识去创造新的应用而进行的系统的、具有创造性的工作。[①] 在科技活动的四个类型中,R&D 是核心部分,也是最具创造力的部分。在现代社会中,有较重大影响的科技进步与发明,主要是通过有目的的 R&D 活动产生的。

有关 R&D 的内涵、分类、性质等内容,将在第二章进行详细论述。

二 知识

R&D 是本书的核心概念,而 R&D 活动的一个重要结果就是增加了人类的知识,是知识产生的重要源泉之一。

对于知识的含义,不同的人从不同角度对知识进行过定义,如《辞海》中对知识定义为:"知识是人们在社会实践中积累起来的经验。从本质上说,知识属于认识范畴。"《现代汉语词典》中认为:"知识是人们在改造世界的实践中所获得的认识和经验的总和。"[②] 这些定义从知识的基本内涵出发,主要强调知识的认识范畴,侧重于人类在适应或改造社会当中所获取的一般经验或认识。

20 世纪 80 年代,特别是 90 年代以来,人们对知识的认识有了重大变化,在内涵与外延的理解上都有了重大发展。1996 年,OECD 在《以知识为基础的经济》[③] 报告中将知识分为四类:(1)关于"是什么"的知识(Know – What),这类知识可理解为通常所指的信息;(2)关于"为什么"的知识(Know – Why),这是关于自然原理和规律方面的科学理论;(3)关于"怎样做"的知识(Know – How),如

---

① 中国科学技术指标研究会:《科技统计与科技指标》(讲义),2004 年,第 19 页。
② 中国社会科学院语言研究所:《现代汉语词典》(第五版),商务印书馆 2005 年版。
③ OECD:《以知识为基础的经济》,机械工业出版社 1997 年版,第 2 页。

操作技巧、技术诀窍等；（4）关于"谁来做"的知识（Know - Who），这类知识涉及规范和维持社会关系的规则。可见，知识是一个涵盖面很广的范畴，人们对客观世界的认识、创造性发现、工作技巧和规范以及社会正常运行方面的一些规范和准则均可归于知识的某一类别或某一方面。

在现代社会中，知识的积累和传播存在多种途径，但从整个社会层面看，知识的积累和增加有两种最基本途径：

（1）经验或社会实践。经验是人们在社会实践过程中对客观事物认识的总结。无论是在任何经济形态中，经验均是知识来源的最基本途径。一些研究观察表明，在航空器、轮船等制造业领域，经验发挥着重要作用。如在飞机制造领域，随着飞机产量的增加，生产一架飞机的直接劳动需要量有规则下降。这种规则被称为"学习曲线"，已经得到经济学家的广泛认同。[1] 这种由经验或来源于社会实践的知识构成了知识积累的最基本途径。

（2）有目的的增加知识的活动。当今社会，各个国家都意识到拥有新知识的重要意义，因此均投入大量人力和物力资源专门开展增加知识存量的活动，R&D 活动是其中最主要的一种形式。从根本上讲，R&D 活动也是一种社会实践活动，但与一般的社会实践不同，R&D 活动的目的性强，往往针对的是现实生产中急需或紧缺的知识进行的专门的开发活动，R&D 活动单位能够获取"最新"的知识;[2] 并且由研发主体自己主导，可控性强，一般能够获得相应的知识产权。现在，R&D 活动在各个国家均普遍受到重视，投入强度也越来越大。R&D 活动已经成为国家之间提升未来科技竞争力、抢占技术创新制高点的重要手段和途径。

此外，在现代社会中，人员与物资流动也是某一局部区域内增加知识的重要途径。社会生产活动中的每一名人员均掌握一定的知识，

---

[1] 高洪深、杨宏志：《知识经济学教程》，中国人民大学出版社 2001 年版。

[2] 此处所说的"最新"，对于研发单位来讲是最新的，对整个国家来讲不一定是最新的。

人员从一个单位或区域流动到另一个单位或区域，会将自己拥有的知识融入后一工作单位或区域，同时也会从中获取新的知识，从而促进了区域知识存量的增加。各种学会、组织等定期或不定期召开的学术或专业知识交流活动也会增加参与者的知识存量。另外，现代社会中物资流动是十分常见的现象，许多物资如机器设备等实际是知识的高度集合体。一种物资由一个单位或区域流入另一个单位或区域，流入方在使用物资的过程中会增加其知识存量。

三　知识经济

OECD 在《以知识为基础的经济》的报告中也对知识经济进行了详细说明。该报告指出，知识经济就是以知识为基础的经济，是直接依据于知识和信息的生产、分配和使用的经济。[①] 知识经济是较传统的农业经济、工业经济的更高层次的经济发展形态。在农业经济中，投入的生产要素主要是劳动和土地；在工业经济中，投入的生产要素主要是资本和劳动；在知识经济中，投入的生产要素主要是知识、资本和劳动，其中知识要素居于最主要地位。

在知识经济中，知识具有如下特点：不可替代性、不可加性、不可逆性、非磨损性、不可分性、可共享性、无限增值性。[②] 这些特点决定了一旦知识作为生产要素投入到生产过程中，经济增长方式会发生本质变化。在新古典经济增长模型中，投入要素主要是资本和劳动，一般假定规模报酬不变；新经济增长理论的一个发展方向是将知识作为重要的生产要素，突破规模报酬不变的限制，产生规模报酬递增，实现内生增长。

R&D、知识、知识经济是三个相互联系的概念。其中，R&D 是一种活动，它处于知识生产的前端，是知识生产的一种重要方式；知识是更加一般的范畴，涵盖了人类社会发展进步过程中获取的经验或社会实践的认识结果；从经济发展的角度看，知识经济是建立在知识基础上的一种经济发展形态，是现代经济增长的一种重要形式。

---

① OECD:《以知识为基础的经济》，机械工业出版社 1997 年版，第 2 页。
② 高洪深、杨宏志:《知识经济学教程》，中国人民大学出版社 2001 年版。

第三节 研究内容与研究框架

一 研究内容

本书的研究以 R&D 活动为切入点，主要围绕着 R&D 统计及资本化问题展开，具体而言，主要涉及 R&D 统计、R&D 资本化及 R&D 资本存量测算三个方面的内容。

全书共分为八章，第一章和第二章构成了本书的研究基础部分。第一章为引言，介绍了本书的研究背景及研究意义，厘清了相关研究概念，对现有相关研究文献进行了梳理与综述，最后概括了本书的结构及研究框架。第二章对 R&D 的内涵及资本属性进行了分析，讨论了其一般性质及特性，并界定了 R&D 资本与其他资本的区别。

第三章和第四章则主要针对 R&D 统计问题进行研究。第三章通过梳理国际科技统计的发展历史，对 OECD、联合国教科文组织（以下简称 UNESCO）等科技统计状况进行了概括，并结合 2013 年度 OECD 的科技统计调查表，对 OECD 的 R&D 统计发展状况等进行了深入剖析；第四章则结合我国现行科技统计制度，就我国工业企业、科研机构、高等学校科技统计制度进行了剖析，深入分析了我国现行科技统计制度存在的主要问题。

第五章重点讨论 R&D 资本化对我国国民经济核算（SNA）体系的影响问题。首先追踪了 R&D 在 SNA 体系中的资本化过程；其次从基本核算表和国民经济账户两个角度分析了 R&D 资本化的影响，并测算了 R&D 资本化对 GDP 指标的具体影响程度。第六章重点关注我国 R&D 资本存量测算问题。通过构造 R&D 资本存量测算模型，合理确定相关参数，从国家层面、行业层面、区域层面、活动类型等多个角度测算了我国的 R&D 资本存量。第七章承接第六章的分析结果，实证研究了 R&D 对经济增长的影响。

第八章为研究结论及相关建议，对本书的研究内容进行了总结，并提出了相应的政策建议。

二 研究框架

本书的研究框架结构如图 1 所示。

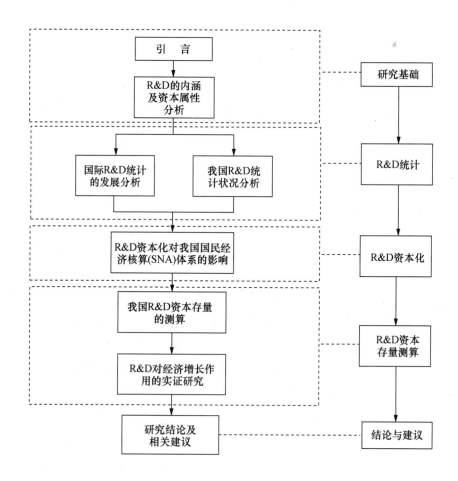

图 1 本书的研究框架

第四节 国内外研究现状

与本书相关的国内外研究成果可以归纳为 R&D 统计、R&D 资本化与 SNA 体系的研究、R&D 资本存量测算问题、R&D 与经济增长的关系等方面，以下围绕这几个方面进行综述。

一　关于 R&D 统计的研究

科技统计是伴随着人类科技活动的日趋活跃而不断发展起来的。早期的科技活动主要依赖于个人的兴趣爱好，以个人研究为主，如牛顿对万有引力的研究、瓦特对蒸汽机的研究等。至 20 世纪初期，虽然也有一些零星科技统计活动，但远没有达到系统化、专业化、独立化的状态，往往是散见于经济和社会统计之中。20 世纪初期开始，一些国家出于政府管理的需要，才逐渐开始科技统计工作。1963 年 6 月，OECD 在意大利的弗拉斯卡蒂市举行成员国会议，讨论《R&D 统计通用指南草案》，发表了《弗拉斯卡蒂手册》，也就是 R&D 调查推荐标准，第一次阐明了 R&D 统计的国际标准。《弗拉斯卡蒂手册》比较重视 R&D 投入量的测度，其问世标志着 R&D 统计已经形成。

从世界范围看，许多国际组织如 OECD、UNESCO、欧盟统计局等均对科技统计工作进行了大量研究，并做出了重要贡献。其中，OECD 和 UNESCO 是世界上从事科技统计最有影响的两大国际组织，世界各国的科技统计工作也主要采用这两个组织制定的标准和规范。

我国的科技统计工作始于 20 世纪 70 年代末。至 20 世纪 90 年代初期建立起《科技综合统计报表制度》，初步形成了条块分割、分工合作的科技统计制度。

就国内相关学者的研究方面看，有关科技统计的研究主要集中于以下几个方面：一是关于国外先进科技统计经验的介绍，如柯彤（1995）、育东（1995）、中国赴美科技代表团（1997）、察志敏（2000）、玄兆辉（2014）等对美国、意大利、中国台湾等国家或地区的科技统计经验进行了介绍，并分析了对我国的启示意义。二是对我国科技统计的研究，如魏和清（1999）、马世骁等（1999）、李佳等（1999）、张米尔等（2001）、崔胜先（2005）、刘树梅（2007）、施建军等（2002），分别就我国科技统计中的某一方面问题进行了探讨。三是对科技统计数据的开发应用研究。基于科技统计数据进行分析，着重于科技统计数据在某一方面的应用研究。如柏青、罗守贵（2014）针对 R&D 投入及其绩效的研究，刘娟娟（2007）关于高校科技统计指标动态比较研究，等等。

二 关于 R&D 资本化与 SNA 体系的研究

R&D 是一种新兴资本形式，人们对其属性的认识也仅仅是近二三十年的事情。在现行 SNA1993 体系关于研发产出的测算中指出，"从事研究和开发的目的在于提高效率或生产率，或在将来获得其他效益，所以它们自然是一种投资型活动，而不是消费型活动"。[1] 可见，在 SNA1993 体系中就已经认识到了 R&D 的资本特性问题。在世界各国的会计核算中，已经有一些国家将 R&D 支出作为一种资本性支出进行会计处理，如意大利、法国、日本、巴西、瑞士、瑞典等国。

在 SNA 体系的发展过程中，关于 R&D 资本性质的认识是一个逐渐深入的过程，因此，对 R&D 活动的统计处理也是一个逐渐资本化的过程。在对 SNA1968 进行修订时，修订者就已经意识到 R&D 活动的资本特性，曾考虑到将 R&D 产出作为资本形成纳入 SNA 体系。但是由于对 R&D 产出的范围的界定存在较大困难，SNA1993 最终没有将 R&D 产出作为资本形成进行处理。20 世纪 90 年代以后，随着统计技术与手段的不断发展与完善，国际上对 R&D 活动的统计也日趋成熟。2002 年，OECD 编辑出版了《弗拉斯卡蒂手册》第六版，书中提出了 R&D 统计的标准与规范的实施方案。在修订 SNA2008 时，通过克服 R&D 统计方面的困难，把 R&D 活动产出作为资本形成纳入资产负债核算，这从根本上改变了 SNA1993 将 R&D 活动视为中间消耗的做法。

实际上，在 SNA2008 公布之前，一些国家已经开始了将 R&D 活动纳入国民经济核算体系的研究与实践。例如，澳大利亚已经将 R&D 支出列入固定资本形成范围；加拿大在 2012 年年底，美国在 2013 年对国民核算账户进行修订时将 R&D 支出列入固定资本形成；欧盟统计局要求欧盟国家在 2014 年开始提供基于 2008 年 SNA 计算的新数据。

美国经济分析局（BEA）的研发卫星账户提供了 R&D 的详细数

---

[1] 联合国等：《国民经济核算体系（1993）》，中国统计出版社 1995 年版，第 147 页。

据以显示 R&D 支出资本化对国内生产总值或其他核算方法的影响。Jennifer Lee 和 Andrew G. Schmidt（2010）分析发现，如果将 R&D 支出作为投资，以现行汇率水平的美元计算，2007 年的 GDP 核算值将会增加 3963 美元，即 GDP 增长 2.8%。丹麦学者 Christian Gysting（2006）研究结论表明，R&D 资本化核算一般会对国内生产总值和国内生产净值、固定资本形成总值和固定资本存量产生影响，它使 2002 年的国内生产总值、国内生产净值、固定资本形成总值和固定资本存量产生的增幅分别为 2.2%、0.6%、11.5% 和 2%。

由于我国从 1993 年才开始逐渐建立与国际接轨的国民经济核算体系，至今仅有 20 多年的时间，有关 R&D 活动的核算主要是依照国际标准和规则进行 R&D 统计的过程，所以从国民经济核算体系的角度研究 R&D 活动的文献并不多见。目前的研究包括：高敏雪（2001）曾经对美国的 R&D 卫星账户进行了研究，并对美国 R&D 卫星账户进行了介绍；路守胜（2009）分析了美国和法国的 R&D 卫星账户，指出了在我国建立 R&D 卫星账户的必要性，并提出了 R&D 卫星账户的建立思路；魏和清（2012）提出了 SNA2008 对 R&D 核算变革和宏观经济指标的影响，并提出 R&D 资本化核算面临的问题；"SNA 的修订与中国国民经济核算体系改革"课题组（2012）分别在《SNA 的修订及对中国国民经济核算体系改革的启示》中对 SNA1993 的修订概况进行了回顾，系统地梳理了 SNA2008 关于 SNA1993 的重点修订内容，提出了中国国民经济核算体系改革应注意的若干问题，分析了 SNA 修订对中国国民经济核算体系改革的启示；在《SNA 的修订对 GDP 核算的影响》中系统地总结了 SNA2008 的变化对 GDP 核算产生的影响，结合中国的实际情况，分析了这些变化对中国 GDP 核算可能产生的影响，并提出了针对中国 GDP 核算改革的政策建议；在《SNA 关于生产资产的修订及对中国国民经济核算的影响研究》中对 SNA2008 关于生产资产分类的修订及对资产边界的扩展进行了梳理，分析了这些变化对中国国民经济核算体系的影响，提出了中国实施这些修订的建议。王孟欣（2012）分析了 R&D 的资本性质，区别了 R&D 资本与相关资本，同时提出了使用 R&D 资本时应该注意的问题。

总体上看，我国关于 R&D 资本化及将其纳入国民经济核算体系的理论与方法的研究成果还较少，处于起步阶段。可以预测，随着 SNA2008 体系的不断推广，相关研究会越来越引起人们的重视。

三 关于 R&D 资本存量测算的研究

R&D 作为一种资本性活动，其产出会形成无形固定资产，其存量问题也引起了学者们的广泛关注，特别是在 R&D 与经济增长问题的实证研究中，R&D 资本存量是必不可少的变量之一。

关于 R&D 资本存量测算较早的为格里利切斯（Griliches，1979），他利用永续盘存法，采用不同的折旧率测算了 1960—1977 年美国 R&D 资本存量。Kwon 和 Inui（2003）对日本 22 个制造业的 3830 家企业 1995—1998 年的 R&D 资本存量进行了测算，并分析了不同规模企业、不同技术水平企业 R&D 资本存量的不同特征。Hu 等（2005）对我国 29 个制造业大中型工业企业 1995—1999 年 R&D 资本存量进行了测算，结果表明我国 R&D 资本存量在 3000 亿元左右。Yoo Jin Han（2007）认为 R&D 资本存量应当以创新产出来衡量，他分别使用专利数和发表论文数来衡量韩国传统制造业和新兴制造业的 R&D 资本存量。

受数据资料的限制，国内就 R&D 对经济增长作用的研究起步较晚，并且多采用 R&D 支出流量来代替 R&D 资本存量，仅有少数研究成果对 R&D 资本存量进行了测算。李小平、朱钟棣（2006）采用六种方法计算了国外 R&D 资本存量，并对国际贸易途径的 R&D 溢出做了实证分析。吴延兵（2006、2008）采用永续盘存法对 1993—2002 年我国制造业分行业 R&D 资本存量进行了测算。邓进（2007）对 1995—2004 年我国高新技术产业 R&D 资本存量进行了测算。李小胜（2007）对我国 1978—2005 年 R&D 资本存量进行了测算；王俊（2009）则对 28 个制造业 R&D 资本存量进行了测算。这些研究对 R&D 资本存量的测算均采用永续盘存法；对涉及测算 R&D 资本存量的四个变量——当期 R&D 支出、基期 R&D 资本存量、价格指数和折旧率——基本上采用了相同的确定方法，只有王俊（2009）对折旧率的估计是采用知识生产函数。当然，由于各种方法均有各自的假定条件和适用范围，所以难以简单比较方法的优劣。

　　总体上看，由于国外发达国家市场经济体制较完备，数据资料充实，所以对 R&D 资本存量的研究条件较充分，对 R&D 折旧率、价格指数、服务年限、基期 R&D 资本存量等难点问题有了一定的解决方案。与发达市场经济国家相比，测算我国 R&D 资本存量的数据不足，相关信息缺乏。因此，我国对于 R&D 资本存量的研究仍处于起步阶段，现有研究成果存在覆盖面不足、数据资料基础薄弱、成果可推广性差等缺点。

四　关于 R&D 与经济增长的关系研究

　　在内生经济增长模型中，R&D 是促进经济长期增长的重要因素。罗默（Romer，1986；1990）曾建立了专门的 R&D 模型，从理论上说明了 R&D 对经济增长的促进作用。关于 R&D 与经济增长关系的实证研究始于 20 世纪 60 年代，至今学者们采用不同层面的数据进行研究，涌现出了大量研究文献。从研究方法上看，关于 R&D 与经济增长关系的研究比较普遍使用的方法为生产函数法，一般通过测算 R&D 产出弹性或 R&D 收益率来研究 R&D 与生产率的关系。

　　（一）国外研究现状

　　关于 R&D 与经济增长的关系研究，主要从国家、产业和企业三个层面展开。在国家层面，曼斯菲尔德（Mansfield，1965）最早实证研究了 R&D 对生产率的正向促进作用。格里利切斯（1979）强调 R&D 作为全要素生产率（Total Faetor Productivity，TFP）增长的决定因素，将 R&D 作为单独的一个生产要素加入柯布—道格拉斯（Cobb – Douglas）生产函数（以下简称 C—D 生产函数）中，完善了 R&D 与生产率的关系的分析框架。此后，关于 R&D 与生产率关系的研究文献日益增多。纳迪利（Nadiri，1980），帕特尔和苏特（Patel and Soete，1988），利希滕伯格（Lichtenberg，1993），科和赫尔普曼（Coe and Helpman，1995），科、赫尔普曼和霍夫曼斯特（Coe，Helpman and Hoffmaister，1997），莱德曼和马龙尼（Lederman and Maloney，2003），Hulya（2004）等从不同角度对多个国家 R&D 支出与经济增长的关系进行了研究，多数研究结果支持了 R&D 对经济增长的促进作用，测算的 R&D 弹性主 0.05—0.25。

在产业层面，格里利切斯（1980a）基于 1959—1977 年美国 39 个制造产业的数据，得出 R&D 产出弹性为 0.03—0.07；Terleckyj（1980）测算的 R&D 产出弹性为 0.20—0.27。此后，Sveikauskas 和 Sveikauskas（1982）、谢勒（Scherer，1982）、格里利切斯和利希滕伯格（Griliches and Lichtenberg 1984）、格里利切斯（1994）、琼斯和威廉姆斯（Jones and Williams，1998）等利用美国的数据，曼斯菲尔德（Mansfield，1988）、伯恩斯坦（Bernstein，1988）分别利用日本、加拿大制造业的数据，恩伦德尔、埃文森和花崎正晴（Englander，Evenson and Hanazaki，1988）利用 6 个国家的产业数据等，对 R&D 产出弹性进行了测算，弹性最高达到了 0.5，最低为 - 0.16，波动较大。

在企业层面上，格里利切斯（1980b）、曼斯菲尔德（Mansfield，1980）、亚当斯和贾菲（Adams and Jaffe，1996）、贾菲（Jaffe，1986）、格里利切斯（1986）、库尼奥和迈雷斯（Cuneo and Mairesse，1984）、利希滕伯格和西格尔（Lichtenberg and Siegel，1991）等利用美国数据测算的 R&D 产出弹性为 0.08—0.27。霍尔和迈雷斯（Hall and Mairesse，1995；Mairesse and Hall，1996）利用法国数据，哈霍夫（Harhoff，1998）利用德国数据，迪林—汉森等（Dilling - Hansen et al.，2000）利用丹麦数据，Hyeog 和 Tomohiko（2003）利用日本数据，Wang 和 Tsai（2003）利用中国台湾数据测算的 R&D 产出弹性为 0.09—0.25。

（二）国内研究现状

近年来，我国学者关于 R&D 与经济增长研究的文献也越来越多。就国家层面来看，对 R&D 与经济增长关系的研究形成两类观点：第一类观点认为，R&D 投入对经济增长具有显著的促进作用。王英伟和成邦文（2005）测算的 1990—2000 年我国 R&D 对 TFP 的产出弹性为 0.196。王大辉和李红刚（2005）把 R&D 描述为泊松（Poisson）过程，讨论在此条件下经济系统的增长行为，指出由于 R&D 的泊松（Poisson）特性，经济增长具有波动现象。通过在物质资本积累和

R&D之间做出适当的选择，可以使经济既快速又稳定地增长。朱勇和张宗益（2005）采用面板数据的实证研究表明，R&D经费对经济发展水平有显著的正向影响。徐冬林、郭云南（2007）则分析并确定了R&D投入促进经济增长的传导机制和作用途径，通过构建向量自回归模型，实证结果显示，R&D对我国经济的综合影响在其投入8—15年时表现最为显著。吴林海、杜文献（2008），朱文静（2008），范黎波、宋志红和宋志华（2008）等，通过对我国R&D投入与经济增长进行协整分析与因果检验，并建立了误差修正模型，表明中国经济增长与R&D投入之间存在长期均衡关系。此外，杨鹏（2007）、朱学新（2007）、朱春奎（2004）、王海鹏等（2005）、岳金桂（2007）等的研究，也得出了我国R&D投入对经济增长的正向促进作用。第二类观点则认为，R&D投入对经济增长没有显著影响。持这种观点的学者相对较少，但也具有一定的代表性。陈开军等（2006）采用时间序列的方法对我国1981—2003年的数据进行了研究，结果表明，在短期内生产性物质资本投资和R&D投资能够促进经济增长；但在长期内，生产性物质资本投资对经济增长的冲击作用随时间推移而减弱，但始终为正；R&D投资对经济增长的作用不明显，并且在中期以后对经济增长作用为负。李雪峰（2005）建立了一个三部门经济增长模型，运用1978—2001年的统计数据对中国的人力资本投资与R&D投资及其对经济增长的影响进行了比较实证分析。结果表明，人力资本对经济增长有显著的贡献而R&D投资对经济增长几乎没有影响。

在产业和企业层面，也有大量关于我国R&D与经济增长关系的研究文献。张海洋（2005）运用中国1999—2002年34个工业行业面板数据，研究了自主R&D与外资活动对内资工业行业生产率的影响。研究发现，R&D对生产率和技术效率的影响不显著或有负向影响，只对技术进步有促进作用。吴延兵（2006）运用中国四位数制造产业数据对R&D与生产率之间的关系进行了实证检验，发现R&D对生产率有显著正影响；在控制了市场因素和产权因素的影响后，R&D与生产率之间仍旧表现出显著的正相关关系。刘建翠（2007）运用C—

D 生产函数,通过对高技术产业大中型企业 TFP 的测算,讨论了影响 TFP 的因素,认为公共部门 R&D 投入是促进 TFP 增长的重要因素。此外,Hu(2001)运用北京市海淀区 1995 年 813 个高科技企业的样本数据研究了 R&D 与生产率的关系,Wang 和 Szirmai(2003)运用我国高科技产业技术投入和生产率增长之间的关系,杰斐逊等(Jefferson et al.,2004)运用我国 1997—1999 年制造行业 5451 个大中型企业数据测算了 R&D 的产出弹性,结果均证明了 R&D 对产出的促进作用。另外,李小平和朱钟棣(2006)运用中国 1998—2003 年 32 个工业行业的面板数据,在控制自主 R&D 的情况下,发现外资活动或国际 R&D 溢出对生产率有负向影响。

总体上看,国外就 R&D 与经济增长的关系研究起步较早,文献较多,理论与相关研究方法较成熟。相比之下,我国 R&D 与经济增长关系的研究虽然已有一定成果,但由于理论研究基础薄弱,实证研究存在诸多欠缺;同时,我国从 1991 年才开始公布国家层面 R&D 支出总量数据,区域及行业层面 R&D 经费支出数据分别从 1998 年和 2003 年才开始公布,数据的缺失对实证研究的结果产生一定的不利影响。

第五节　创新之处

本书着重于 R&D 统计及资本化的相关问题方面,具体来看,创新之处主要有以下几点:

第一,对 OECD 等国际组织 R&D 统计状况进行了梳理,对比分析了我国 R&D 统计当中存在的问题。

前述研究现状已经指出,国内外部分国际组织及政府机构一直在推动 R&D 统计理论与实践工作的不断前进;同时,国内相关部门及部分学者也在此方面进行了一定的研究。但通过分析国外国际组织及发达国家 R&D 统计调查问卷与制度,发现从具体调查手段与方法角度进行研究的文献并不多见。

本书收集了 OECD 向各成员国进行的 R&D 统计调查问卷，通过对问卷的深入分析，了解了 OECD 进行 R&D 统计调查的思路与方法，对于我国 R&D 统计制度的改进具有重要的参考价值。

第二，分析了 R&D 资本化对我国 SNA 体系的影响，并测算了 GDP 指标的变化。

R&D 的资本化处理会对 SNA 体系产生影响。美国等发达国家已经就 R&D 资本化对 SNA 的影响进行了深入研究，并发布了经 R&D 资本化调整后的 GDP 数据。国内对于此方面的研究也已经有了一定成果，但主要侧重于定性研究方面，本书则结合 SNA 体系当中的账户及核算表，就 R&D 资本化的影响进行了分析，并测算了 R&D 资本化对 GDP 指标的具体影响。

第三，测算了 R&D 资本存量，并实证研究了其对经济增长的影响。

R&D 作为一种资本形式，对其存量进行测算也是理论研究界近年兴起的一个热点问题。但由于相关数据资料的缺乏，以及对我国 R&D 资本存量进行测算的文献还较少，相关研究中往往采用 R&D 流量指标代替存量指标。本书在此方面进行了一定的推进，书中借助于永续盘存法构造了 R&D 资本存量的测算方法，并结合我国 R&D 统计数据，分析了测算方面存在的困难，并从全国层面、区域层面和行业层面对 R&D 资本存量进行了测算，进而实证分析了 R&D 资本与经济增长的关系。

第二章　R&D 的内涵及资本属性分析

R&D 是本书研究的基本概念，对其内涵和分类的掌握是本书研究的基础。同时，R&D 作为一种资本性活动，一些研究已对此进行了关注，但缺乏对其资本属性的系统分析与研究。本章在对 R&D 的内涵及分类分析的基础上，对 R&D 的资本属性进行了系统分析，并讨论了 R&D 资本与其他相关资本类型的区别。

第一节　R&D 的内涵及分类

一　R&D 的内涵

R&D 即 Research and Development 的简称，其中文名称有多种，如研究和开发、研究与试验发展、研究与发展等，一般简称为研发。在 OECD 的《弗拉斯卡蒂手册》当中，将 R&D 译为"研究与试验发展"；在 SNA1993 和 SNA2008 当中，将 R&D 译为"研究和开发"。本书中的 R&D 主要采用"研究和开发"，但为与上述文献一致，在涉及 OECD 的《弗拉斯卡蒂手册》时采用"研究与试验发展"。

关于 R&D 的内涵，许多国际组织及一些国家的相关部门均进行过探讨，比较有影响的是 OECD 的《弗拉斯卡蒂手册》和联合国 SNA 体系对 R&D 活动的定义与解释。

（一）OECD 关于 R&D 的定义

OECD 是在 R&D 统计方面较先进的国际组织，于 20 世纪 60 年代即开始关于 R&D 的理论研究与统计实践。1963 年 6 月，OECD 在意大利的弗拉斯卡蒂市举行会议，就 R&D 统计指标定义和测度方法进行了广泛交流，并通过了《弗拉斯卡蒂手册》，这是世界上第一个关于 R&D 统计的规范文件，成为国际上进行 R&D 调查和统计的标准和规范。此后，为适应新形势的需要，该手册不断修订完善，于 2002 年修订出版了第六版。目前，该手册正在对第六版进行修订，预计会于近期公布修订后的第七版。

在《弗拉斯卡蒂手册》（2002）中，对 R&D 进行如下定义：研究与试验发展是指为了增加知识储量而在系统的基础上进行的创造性工作，包括有关人类、文化和社会的知识，以及利用这些知识储备来设计新的应用。[①]

对于这个定义，可以从以下角度来理解 R&D 活动：

（1）从目的来看，R&D 活动的目的是为了增加知识的总量。

（2）从结果来看，R&D 活动的产出是新的知识或创造新的应用，这些知识涉及人类、文化和社会等方面。从学科分类来讲，涉及自然科学、工程和技术、医学、农业科学、社会科学和人文科学等学科。

（3）从过程来看，R&D 活动是对新知识的运用。R&D 活动所创造的新知识应当是有用知识，能够用于解决理论或实际中存在的问题。

（4）从工作性质来看，R&D 活动应当是创造性的工作，且这种工作应当是系统的、有组织性的。那些由个人按自己兴趣所从事的发明活动，虽然也是 R&D 活动，但由于不是在机构内进行，得不到经费支持，受政府相关政策的影响较少，一般不在 R&D 统计的范围之内。

总之，OECD 对 R&D 活动的定义更加强调其创新性，无论是从哪个角度来理解，都离不开 R&D 活动的创新特征。

（二）SNA1993 关于 R&D 活动的定义

SNA1993 是目前世界各国普遍遵循的国民经济核算标准。在

---

① 经济合作与发展组织编著：《弗拉斯卡蒂手册》，张玉勤译，科学技术文献出版社 2010 年版，第 16 页。

SNA1993 中关于 R&D 定义并没有专门的讨论，对 R&D 的解释散见于不同的段落中，其中有两处与 R&D 的概念及性质关系较紧密。

在关于研究和开发产出的测算时指出："市场生产者进行的研究和开发是为了发现或开发新产品，包括改进现有产品的形式或质量，或发现或开发新的或更有效的生产工艺而进行的活动。"① 也指出："从事研究和开发的目的在于提高效率或生产率，或在将来获得其他效益，所以它们自然是一种投资型活动，而不是消费型活动。"② 从这两处解释可以得到 SNA1993 关于 R&D 四个方面的认识：

（1）从活动主体上来看，R&D 活动的主体主要是指市场生产者，而非市场生产者如科研机构、高等学校等进行的 R&D 活动，并不在 SNA1993 的涵盖范围之内。

（2）从内容上来看，R&D 活动包括产品研发和工艺研发两个方面。前者是发现或开发新的产品，或对现有产品进行性能提升或质量改进的活动；后者是为发现或开发新的生产工艺所从事的效率提升过程。

（3）从目的来看，从事 R&D 活动的目的是为了提高生产率或获取未来收益。显然，为了达到此目的，必须预先投入一定的资本进行 R&D 活动。

（4）从性质上来看，R&D 活动是一种投资型活动。

通过仔细对比分析，可以发现 SNA1993 在 R&D 的阐述上与《弗拉斯卡蒂手册》（2002）关于 R&D 的定义相比存在以下不同：

（1）R&D 活动的主体。SNA1993 所涉及的 R&D 活动的主体主要是指市场生产者；《弗拉斯卡蒂手册》（2002）所涉及的 R&D 活动的主体范围较宽泛，涵盖了从事 R&D 活动的所有主体，包括企业、高等学校、科研机构等。

（2）R&D 活动的目的。SNA1993 认为，从事 R&D 活动的目的是为了提高生产率或获取未来收益；《弗拉斯卡蒂手册》（2002）则强

---

① 联合国等：《国民经济核算体系（1993）》，中国统计出版社 1995 年版，第 144 页。
② 同上书，第 147 页。

调其增加知识总量的目的。

（3）R&D 活动的性质。SNA1993 强调 R&D 活动是一种投资型活动，侧重于投资性；《弗拉斯卡蒂手册》更强调其创新性。

（4）R&D 活动的内容。SNA1993 涉及的 R&D 活动内容包括产品创新和工艺创新两个方面；《弗拉斯卡蒂手册》则侧重于新知识的创造和应用过程。

相比之下，由于使用范围、目的性存在差异，SNA1993 的定义范围较狭窄，《弗拉斯卡蒂手册》（2002）的定义更具有一般性。

（三）SNA2008 关于 R&D 活动的定义

1999 年，联合国开始了对 SNA1993 的修订工作，并于 2003 年第 34 届统计大会上确定了 45 个修订问题，其中第 9 个是关于研究和开发问题。[①] 经过联合国、OECD、欧盟、世界银行、国际货币基金组织等国际组织的合作，于 2008 年完成了 SNA1993 修订后的版本即《2008 国民账户体系》[②]（SNA2008）。

在 SNA2008 中，有两处涉及对 R&D 的理解。在 6.207 段指出，"研究和开发是一项有计划有步骤进行的创造性活动，其目的在于增加知识存量，并利用这些知识存量来发现或开发新产品——包括改进现有产品的版本和质量，或是发现和开发新的或更有效的生产工艺"。[③] 在 10.103 段指出，"研究与（试验性）开发支出是指，为了增加知识储备（包括有关人类、文化和社会的知识）并利用这种知识储备开发新的应用，系统性地从事创造性工作而支出的价值"。[④] 同时指出，"除非能够直接测算 R&D 的市场价值，否则，按照惯例，只能以其费用之和对 R&D 进行估价，其中包括未成功 R&D 的费用"。[⑤]

通过上述描述可以看出，与 SNA1993 相比，SNA2008 在 R&D 的

---

① 详细修订议题参见国民经济核算司 1993 年 SNA 修订问题研究小组：《1993 年 SNA 修订问题综述——1993 年 SNA 修订问题研究系列之一》，《统计研究》2006 年第 3 期。

② 联合国等：《2008 国民账户体系》，中国统计出版社 2012 年版。

③ 同上书，第 134 页。

④ 同上书，第 237 页。

⑤ 同上。

认识上有以下几方面改进：

（1）在 R&D 的含义上，强调了 R&D 活动的创新性，与 OECD 的定义更加相近，指出其目的是为了增加知识总量或创造新的应用（开发新的产品）。

（2）在 R&D 活动的主体上，不再局限于市场生产者，涵盖了所有类型的活动主体。

（3）指出了 R&D 产出价值的测算原则：由为了增加知识存量而进行的系统的创造性工作的支出价值构成，即由 R&D 活动支出的价值来确定 R&D 活动产出的价值。

可见，从 R&D 活动的基本含义上来看，SNA2008 基本上采纳了 OECD 的定义，在 R&D 产出的测算上则突出了 SNA 体系关于非市场产出的测算方法。

（四）我国关于 R&D 活动的定义

我国开展 R&D 统计工作的时间较短，引入 R&D 的概念是在 20 世纪 80 年代末期。1990 年，国家科学技术委员会组织了 20 个省市参加"全社会科技投入"调查，获得了具有国际可比性的总量数据和结构数据。此后，我国的 R&D 统计逐步走向制度化、规范化。2000 年，我国开展了"全社会 R&D 资源清查"工作，调查指标进一步与国际 R&D 统计规范接轨，相关数据的国际可比性进一步提高。

在我国的科技统计中，对 R&D 活动进行了如下定义：①

研究与试验发展指为增加知识的总量（其中包括增加人类、文化和社会方面的知识），以及运用这些知识去创造新的应用而进行的系统的、创造性的工作。它具有四个基本特征：（1）创造性；（2）新颖性；（3）运用的方法科学；（4）产生新的知识或创造新的应用。

总体来看，我国科技统计中有关 R&D 的概念与 OECD 是一致的。这是由于我国在开展 R&D 统计之初，就注重借鉴国际先进的 R&D 统计标准和经验，对于 R&D 活动的定义全面采用了 OECD 的标准，并且结合我国的具体情况建立了适当的调查统计制度，从而能够取得国

---

① 中国科学技术指标研究会：《科技统计与科技指标》（讲义），2004 年，第 19 页。

际可比的 R&D 数据。

二　R&D 活动的分类

（一）R&D 活动的分类

按《弗拉斯卡蒂手册》的定义，R&D 活动可分为三类：基础研究（basic research）、应用研究（applied research）、试验发展（experimental development）。其中：

> 基础研究是一种实验性或理论性的工作，主要是为了获得关于现象和可观察事实的基本原理的新知识，它不以任何特定的应用或使用为目的。应用研究也是为了获取新知识而进行的创造性研究，但它主要针对某一特定的实际目的或目标。试验发展是利用从科学研究和实际经验中获得的现有知识，为生产新的材料、产品和设备，建立新的工艺、系统和服务，或对已产生和已建立的上述各项进行实质性改进，而进行的系统性工作。[①]

在实践当中，R&D 的三类活动往往交织在一起不易辨析，下面本节就针对此三类活动的区分方法进行说明。

（二）三类 R&D 活动的辨别方法

在针对 R&D 的相关研究中，对基础研究、应用研究和试验发展三类活动进行区分是十分必要的，但由于此三类活动相互联系，交织在一起，大多数 R&D 活动往往跨越多个活动类型，因此在实践当中对它们进行区分也是十分困难的。笔者在课题的调研过程中根据课题调研情况，结合我国 R&D 统计制度进行了总结，认为可以从以下几个方面对三类活动进行区分。

1. 活动的目的性

从各类 R&D 活动的定义可以看出，基础研究纯粹是为了增加人类知识存量，没有特定目的性；与基础研究相比，应用研究有了一定的目的性，一般针对具体的领域、问题或情况进行研究，但其目的性

---

① OECD：《弗拉斯卡蒂手册》，张玉勤译，科学技术文献出版社 2010 年版，第 16 页。

仅仅是确立了一个大致的方向，其产出难以形成现实的新产品；试验发展则纯粹面向市场开发新的产品或对原有产品进行功能上的升级或改进，具有较强的目的性，其产出可以形成具有基本使用功能的新的产品，此时只需进行规范化设计（如形成具体的操作规范）或稍加细化设计（如面向不同的市场、人群进行差异化设计）即可面向市场销售。可见基础研究、应用研究、试验发展三者的目的性由弱到强依次递进。

2. 活动的成果形式

就活动的成果形式看，基础研究的成果为一般的原则、理论或规律，往往以论文、著作等形式在期刊上发表或出版，或在学术会议上交流，其研究成果可为后续应用研究和试验发展打下基础。应用研究的成果一般具有专门的性质，其成果形式也可以是论文和著作等，除此之外，也包括原理性模型或发明专利等。试验发展的成果接近于市场化的形式，主要是专利、专有知识、具有新产品基本特征的产品原型或样机等。试验发展阶段所生产的产品原型、样机等可以通过市场化设计进行批量生产而最终进入市场。

3. 活动距离市场化的远近程度

实际上，在对三类活动的目的性和成果形式的分析当中，已经蕴含着三者在距离市场化的远近程度方面的区别。一般而言，基础研究的成果只是基本的理论、原则等方面的知识，难以直接出售，距离市场化最远。应用研究虽然有了一定的目的性，其产出也并非现实的产品；但与基础研究相比，应用研究的成果距离市场化稍近。试验发展则专门面向市场开发新的产品，其产出只需加以市场化设计即可销售，因此距离市场化程度最近。

4. R&D 活动的主体

在我国，科研机构、高等学校和企业是从事 R&D 活动的最主要部门。一般来讲，以利润最大化为目标的企业着重于考虑其经济收益，特别是较短时期内的经营利润，因此往往从事能够直接开发出新产品的 R&D 活动即试验发展活动；科研机构和高等学校 R&D 活动的资金来源受政府资助的程度较大，因此，在基础研究和应用研究方面占有相当大的比重。

对基础研究、应用研究和试验发展三类活动的区分，一方面要对三类活动的基本含义有清楚的了解，另一方面需要掌握相关活动的详细情况。由于在 R&D 统计实践当中人们的理解程度不同，所以对 R&D 类型活动的区分是十分困难的。以上的分类方法也只是一个基本原则，需要根据实际情况加以分析判断。

三　与 R&D 有关的科技活动

在相关文献当中，经常会提到一些与 R&D 相关的活动，主要有科学技术活动、R&D 成果应用、科技教育与培训和科技服务等。本部分将这些活动与 R&D 活动作一辨析，以更加深刻地理解 R&D 活动的内涵。

（一）R&D 与科学技术活动

科学技术活动（以下简称科技活动）指所有与各科学技术领域（即自然科学、工程和技术、医学、农业科学、社会科学及人文科学）中科技知识的产生、发展、传播和应用密切相关的系统的活动。[1] 在我国的科技统计中，科技活动分为以下四类：研究与试验发展（R&D）；研究与试验发展成果应用（R&D 成果应用）；科技教育与培训（STET）；科技服务（STS）。

科技活动是较 R&D 活动范围更宽的概念，它不仅包括 R&D 活动，也包括 R&D 成果应用、科技教育与培训和科技服务等非 R&D 活动。R&D 活动虽然仅仅是科技活动的一部分，但却是其中最核心和最具创造性的部分；R&D 活动与其他三类活动的最根本区别在于其具有创新性，其他三类非 R&D 活动虽然是科技活动的一部分，但并不具有创新性。其他三类活动与 R&D 活动密切相关，R&D 成果应用直接利用 R&D 活动的成果，而科技教育与培训和科技服务则为 R&D 活动的开展提供基础条件。

（二）R&D 与 R&D 成果应用

R&D 成果应用是与 R&D 活动特别是其中的试验发展活动联系最紧密的一种非 R&D 活动，它一般是基于试验发展阶段所产生的 R&D

---

[1]　中国科学技术指标研究会：《科技统计与科技指标》（讲义），2004 年，第 19 页。

成果，如研制成功的新产品、新材料、新装置和新工艺等，解决将这些成果投入到生产过程中的一些技术问题，形成操作规范、工艺图纸、技术标准等。在 R&D 成果应用阶段，仅仅是为了生产而进行适当的技术处理，而不具有关于产品的任何创新成分，这是 R&D 成果应用与 R&D 活动的最大区别。

（三）R&D 和科技教育与培训

科技教育与培训包括非大学的专科高等教育与培训、可获得大学学位的高等教育与培训、研究生及以上学历或学位教育与培训，以及为科学家和工程师（研究人员）组织的终身培训在内的所有活动。[①] 科技教育与培训和 R&D 活动密切相关，R&D 活动最关键的能动因素是人，而科技教育与培训可以提升人才的知识水平，为 R&D 活动提供人的素质条件；R&D 活动可以增加社会的知识存量，进而为科技教育与培训提供知识来源。另外，在高等教育阶段，高校教师往往同时从事 R&D 活动和教育与培训活动；学校的公共设施如建筑物、实验室等也同时为这两个目的服务。因此，在高等学校中，R&D 活动与教育培训活动往往是交织在一起的，对二者的准确区分是十分困难的，需要采用一定的方法进行估计和折算，这也为 R&D 活动的准确统计带来了较多的不确定性。

（四）R&D 与科技服务

科技服务主要是指将科学技术知识进行推广、传播以及与科学技术知识的使用相关联的技术服务活动。它包括为科技成果进行的推广工作，信息文献传递服务，有关社会、人文、经济现象的资料收集工作，等等。科技服务是提高社会技术知识水平的一种重要途径，其积累的资料往往成为 R&D 活动重要的思想来源并提供证据支持。

科技服务活动就其本身性质和特点来说并不具有新颖性，但如果某项科技服务活动直接为 R&D 活动提供服务，如专门为 R&D 活动而进行的资料收集工作，从统计的角度看，应当统计为 R&D 活动。

---

① 中国科学技术指标研究会：《科技统计与科技指标》（讲义）2004 年，第 29 页。

第二节　R&D 的资本属性分析

从世界范围内看，R&D 活动可追溯到 18 世纪工业革命时期，以蒸汽机为代表的工业革命开创了现代机器大工业时代。在整个工业革命时期，各种技术创新活动层出不穷，各种机械发明不断涌现，极大地促进了工业生产力的发展。但是，当时的技术研发活动更多的是发明者个人的兴趣爱好所致，还没有上升到整个社会层面有秩序、有计划、有目的的 R&D 活动。在当时的经济增长理论中，虽然也已经意识到技术进步对经济增长的重要作用，但对于技术进步的源泉并没有深入的讨论和说明。20 世纪初期，熊彼特的"创新理论"使人们认识到技术创新对经济增长的重要作用，引发了人们对创新活动的关注；20 世纪 50 年代，索洛的经济增长因素分析将美国经济增长主要归功于技术进步，进一步激发了人们对于技术进步源泉的探讨；20 世纪 60 年代起，OECD 国家开始进行系统的 R&D 统计工作，现代意义上的 R&D 活动由此诞生；20 世纪 80 年代，罗默创立了两部门的 R&D 模型，从理论上明确了 R&D 在经济增长中的重要作用。在这个发展过程中，人们越来越意识到 R&D 投资的资本特征，在 SNA1993 当中予以认可，SNA2008 更进一步，对 R&D 资本的测算方法也进行了说明。

一　R&D 资本的一般性质

R&D 活动的直接产出是新的知识，这种新的知识是能够带来未来收益的资本形式，称为 R&D 资本。R&D 资本是知识资本的一种形式，作为一种资本，它具备资本所具有的一般特点，主要体现在以下几个方面：

（一）生产性

同物质资本一样，R&D 资本也是生产过程中的重要经济资源。它可以投入到生产过程中，与物质资本或其他资本共同作用，生产产品或提供服务。并且，在现代经济中，人们越来越意识到技术创新在经济发展中的重要作用，因此也越来越重视对 R&D 活动的投资。

（二）收益性（或增值性）

任何资本品均会给投资者带来经济利益，R&D 资本也不例外。R&D 资本能够给投资者带来收益，并且其收益一般要大于其投入的成本才能成为投资者获利的一种手段。否则，就不会有投资者投资于 R&D 活动。

（三）稀缺性

对于不同的 R&D 投资主体来讲，虽然投资于 R&D 活动的规模可能不同，但 R&D 资本总是稀缺的。即在既定的 R&D 资本存量水平下，每个投资主体都希望获取更多的 R&D 资本，以期获取更多的投资收益。

二　R&D 资本的特性

R&D 资本是一种不同于一般物质资本的特殊的资本品。除资本的一般性质外，R&D 资本还具备一些自身特有的性质，主要表现在：

（一）依附性

R&D 资本一般要依附于人或其他物体而存在，且其发挥作用时也需要与其他资本相结合。R&D 活动的产出是新的知识，而知识是无形的，需要有一定的载体才能够表现出来。通常所说的 R&D 成果如文章、著作、专利、产品原型、样机等，实际上指的是其载体，R&D 资本是依附于这些载体上的新的知识。并且，R&D 资本投入到生产过程中，也需要与其他投入要素结合才能够发挥作用。

（二）不可分割性

不可分割性是指一旦 R&D 资本与人或物相结合，便融合于人或物体之中，不可逆转，不能被剥离开。如 R&D 知识与物质资本结合形成了一种新的产品，一旦产品形成，便不能将该产品中结合的新知识剥离出去。因此，不可分割性是 R&D 资本与普通物质资本的一个重要区别。

（三）非竞争性

非竞争性是指当 R&D 资本的所有权人使用 R&D 资本时，并不妨碍其他人同时使用；且增加 R&D 资本使用的边际成本为 0。另外，从收益的角度看，某个经济行为主体从使用 R&D 资本中得到了收益，并不减少其他人使用相同的 R&D 资本所得到的收益。这也是知识资本的典型特征。

（四）部分排他性

排他性也称独占性或专有性，一种物品是否具有排他性，取决于所有权人能否成功地防止其他人使用。就 R&D 资本本身来讲，并不存在排他性。但作为一种知识资本，如果不采取措施以避免其他人使用，会影响到行为主体对 R&D 活动的支持力度，进而影响社会的技术进步。因此，现实中往往通过建立某些制度（如专利、许可证等）来限制其他人对 R&D 资本的使用，使 R&D 资本具有一定的排他性。但知识资本的排他性是较弱的，往往难以制止其他人在不经授权的情况下使用此种技术。美国学者曼斯菲尔德在对专利的研究中就发现，60% 的专利在四年之内就被许多企业所模仿，莱文（Levin）通过调查也得出类似结论，即三年时间内过半的创新产品被模仿。[①]

第三节 R&D 资本与其他资本的区别

有几种资本形式与 R&D 资本密切相关，如知识资本、物质资本和人力资本等，本节主要对这些资本与 R&D 资本的区别加以分析。

一 R&D 资本与知识资本

知识资本是一种知识资源，是以知识作为核心元素的资本形态。R&D 活动与知识是紧密联系的，R&D 活动的产出即新的知识；新知识的主要来源之一便是 R&D 活动。因此，R&D 资本与知识资本有天然的联系，但二者也存在明显不同，这主要体现在其来源上。从全社会的层面看，知识资本的形成途径一般可分为两类：由经验或社会实践所形成的知识资本和由 R&D 活动所形成的知识资本。前者的知识

---

① 参见骆品亮、向盛斌《R&D 的外部性及其内部化机制研究》，《科研管理》2001 年第 9 期。

来源是社会实践中人们对于其中蕴含的知识的经验总结；后者则一般是通过有目的的 R&D 活动形成的，并且增加的往往是当前并不具有的新的知识。后者形成的资本即为一般所指的 R&D 资本。可见，R&D 资本是知识资本的一种形式，知识资本所具有的特征同时也是 R&D 资本具有的特征。

二　R&D 资本与物质资本

同为资本，R&D 资本与物质资本具有一定的共性，并且 R&D 资本经常融合于物质资本当中以提升物质资本的性能。但二者的差异也比较明显，主要表现在：

（1）表现形态不同。物质资本通常是有形的，可以被人通过感官感知。R&D 资本是一种知识资本，通常是无形的，难以通过人体感官感知。

（2）依附性不同。物质资本无须依附于人或其他物体，可以独立存在，并且可以独立对生产原材料进行加工生产；R&D 资本通常要依附于人或某种物体而存在，且其使用也需要与其他投入要素相结合才能够从事生产。

（3）定价方式不同。物质资本的形式一般是有形的并相对固定，其交易一般在成熟的交易市场中进行，有完善的价格形成机制，能够较准确、公平地确定交易物的价格。但对于 R&D 资本来讲，其价值实际上主要是知识的价值，而知识是无形的，在 R&D 资本的交易中缺乏相应的交易市场，没有相应参照标准，难以准确定价。因此，在现行 SNA 体系中，对于 R&D 资本的定价往往采用 R&D 活动的成本来确定其产出价值。

（4）服役模式不同。在物质资本的生命周期内，其价值是逐渐转移到产品中去的。经过一段时间之后，物质资本的形态一般没有较大变化，但其生产效率存在一定幅度的下降；等到生命周期的最后，物质资本的价值已经完全转移到产品中。与物质资本不同，R&D 资本的使用并不减少 R&D 资本的价值，但会随着时间的推移导致原有知识的老化而贬值。或者说，新知识的产生导致旧知识被淘汰，也即所谓"创造性破坏"的过程。物质资本形成时，一般能够推断一个适当的生命周期；但新知识的产生无法预知，一般难以确定 R&D 资本的老化过程。按现有的研究成果来看，R&D 资本的老化或折旧速率一般要大大高于物质资本。

三　R&D 资本与人力资本

R&D 知识与人相结合，会形成人力资本；但人力资本的形成并不仅限于 R&D 知识。人力资本包括了凝结在人身体内的知识、能力、健康等所形成的能够获取收益的价值，并且同样具有依附性、不可分割性等特点，但二者也存在明显区别：

（1）依托载体不同。R&D 资本可以依托于人或物，投入生产中需要与人或物相结合发挥作用；而人力资本仅依托于人，投入生产中主要依靠个人劳动以发挥作用。

（2）形成方式不同。R&D 资本是通过有目的的 R&D 活动创造的新的知识形成的资本；人力资本的形成不仅包括由 R&D 活动创造的新的知识物化于人所形成的人力资本，还包括由教育和培训、医疗卫生和保健等所形成的资本。并且，形成人力资本的知识不仅包括新的知识，而且包括现有知识。

（3）折旧或贬值速度不同。人力资本由多种途径形成，其中由教育培训及医疗保健形成的人力资本发挥作用的时间较持久，老化速度较慢。相比而言，R&D 资本的老化速度要快得多。

第三章　国际 R&D 统计的发展分析

　　我国 R&D 统计是借鉴国外 R&D 统计制度发展起来的。本章通过梳理国际科技统计的发展历史，对 OECD、联合国教科文组织等国际组织的科技统计情况进行了研究。特别是结合 2013 年度 OECD 的科技统计调查表，对 OECD 的 R&D 统计调查计划、经费调查、人员调查、政府预算拨款或决算统计及其他调查项目等进行了深入剖析。本章的研究工作，对于下一章分析我国科技统计制度存在的问题、提出相应的改进建议具有重要的借鉴意义。

　　从国际上看，R&D 统计是伴随着人类科技活动的日趋活跃而不断发展起来的。并且，在早期的科技活动当中，并没有严格区分科技或 R&D 活动，往往是在大的科技活动的框架下进行科技统计的。因此，本章对 R&D 统计发展过程的梳理是在科技统计的大框架下进行的。

第一节　国际科技统计的产生与发展

　　早期的科技活动主要依赖于个人的兴趣爱好，以个人研究为主，如牛顿对万有引力的研究、瓦特对蒸汽机的研究等。从 16 世纪开始逐渐出现了较松散的群众性科技协会组织。1871 年建立的卡文迪实验室是世界上基础科学领域中的第一个集体研究机构。尽管如此，直至 20 世纪初期，虽然也有一些零星科技统计活动，但远没有达到系统化、专业化、独立化的状态，往往是散见于经济和社会统计之中。20 世纪初期开始，一些国家出于政府管理的需要，才逐渐开始科技统计工作。从科技统计的整个发展历史看，其发展过程大体上可以划分成三个时期。

一　科技统计的萌芽时期

这一时期，从 20 世纪初期至 60 年代初期。20 世纪初期，一些国家开始着手进行科技统计活动。美国是最早系统地、有计划开展科技统计工作的国家。美国在 1863 年建立了美国科学院，在 1916 年设立了国家研究理事会，1933 年又附设了科学顾问委员会，在一定程度上承担着诸如科研人员、科研经费的统计调查活动，但这些活动都是非常规的，目的是为行政管理服务。① 在 1918 年 4 月，列宁在《科学技术工作计划草稿》一文中，向科学院提出"对俄国自然生产力进行系统的研究和调查"的任务。

在两次世界大战中，美国和加拿大等国曾对 R&D 资源进行过调查。其他国家也大都从 20 世纪 50 年代中后期开始对 R&D 活动进行统计工作，如日本从 1953 年起，每年都进行研究机构基本统计调查，联邦德国于 1956 年开始对工业部门的 R&D 进行全国调查。② 1950 年美国国家科学基金会诞生，它是目前美国 R&D 统计的核心机构，美国成为最早制定搜集科技统计数据并加以实施的国家之一。③

在这个时期，科技统计无论是在统计体制，还是在统计指标和方法上，都没有形成一个完整的、独立的体系，即使某些国家进行了 R&D 调查，也未形成法定制度以及国际统计规范和标准，科技统计还处于萌芽时期。

二　科技统计的形成时期

这一时期从 20 世纪 60 年代初期到 70 年代末期。20 世纪 50 年代末到 60 年代初期，世界很多国家的科研经费迅速增加，引起了他们对搜集 R&D 统计资料的重视。1957 年，OECD 的前身 OEEC（欧洲经济合作组织）分别对英国和法国、美国和加拿大度量 R&D 的定义和方法提出了两份报告。1960 年 12 月，24 个市场经济国家成立了

---

① 王宝琛主编：《科技统计基础》，上海社会科学院出版社 1990 年版，第 16—24 页。
② 孙学范主编：《科技统计学》，中国人民大学出版社 1994 年版，第 1—2 页。
③ 同上。

OECD，继续进行 R&D 统计规范的研究和制定工作。1963 年 6 月，OECD 在意大利的弗拉斯卡蒂市举行成员国会议。此次会议上，OECD 发表了《弗拉斯卡蒂手册》，该手册首次阐明了 R&D 统计的国际标准。经过各成员国十多年的广泛试行并不断经过修订，这一手册已为 UNESCO 正式通过和承认，列为各成员国制定科学技术统计规范的主要参考文件。《弗拉斯卡蒂手册》比较重视 R&D 投入量的测度，它的问世标志着 R&D 统计已经形成。

UNESCO 对 R&D 统计的建立和发展也起到了非常重要的作用。1960 年开始，该组织就着手搜集和出版国际科技统计资料，1966 年开始向有关国家发放调查表，边调查边制定科技统计标准和规范，包括 R&D 统计的标准和规范。1969 年以后，开始在 UNESCO 的统计年鉴中定期公布科技资料。UNESCO 在吸收《弗拉斯卡蒂手册》长处的基础上，兼顾众多发展中国家的实际情况，使其科技统计规范在地域和统计内容上具有更广的覆盖面，但本质上来看，其基本沿用了《弗拉斯卡蒂手册》关于 R&D 统计的标准和规范。在 20 世纪 70 年代，UNESCO 协同其他一些国际组织，帮助一些发展中国家建立科技统计数据系统，并于 1977 年出版了《科学统计技术资料搜集指南》，1979 年出版了《科学技术统计工作手册》，使科技统计得到广泛推行和受到重视。

在此期间，美国由于其科技的高度发展，更出于国家对科技管理和决策的需要，其科技统计指标无论在质量、完善程度还是影响上都居世界之首。从 1972 年开始，美国国家科学基金会每两年编写出版《美国科学指标》，在 20 世纪 80 年代，改为《美国科学和工程指标》，该书完整地反映了美国科技统计发展的情况。

纵观 20 世纪 60 年代至 70 年代世界科技统计发展史，这一时期是科技统计逐步发展成为一个独立的体系的阶段，许多重要的国际组织和国家都建立了科技统计体系和规范，这表明科技统计体系已经形成并逐步规范化和制度化。

三　科技统计的发展时期

这一阶段始于 20 世纪 80 年代，目前仍处于这一阶段。进入 20

世纪 80 年代以来，科技统计体制和指标体系进一步完整化、系统化、规范化和标准化。1983 年 6 月，美国国家科学基金会在英国皇家学会召开了"科技指标和科学政策讨论会"，这是欧洲共同体与东盟国家的一次科技合作活动，主要议题为国家科学政策、科技发展与 R&D 指标等内容。1984 年 5 月，联合国科技促进发展中心在奥地利拉茨城召开了题为"衡量科技对社会经济目标影响指标"的专家讨论会，通过了《关于科技发展指标的建议》，其宗旨是促进和提高发展中国家科技能力。从这两次重要会议可以看出，科技统计已不限于工业发达国家，并日益引起许多发展中国家的重视。

这一时期，科技统计工作的一个重要特点体现在科技统计范围与内容的扩展方面。早期的科技统计主要集中于对 R&D 活动的统计，《弗拉斯卡蒂手册》从 1963 年问世至今也主要是集中于对 R&D 活动进行统计。因此，世界各国当时的科技统计主要是针对 R&D 活动的统计。1978 年 11 月，联合国教科文组织（UNESCO）会议通过了《关于科技统计国际标准化的建议案》，将科技活动扩展到包括 R&D、科技教育与培训（STET）、科技服务（STS）等活动更加广阔的范围。1980 年 UNESCO 出版了《科学技术统计手册》，介绍了科技统计的指导原则，对科技活动、科学和技术人员、财力资源及部门和职能分类等都有较详细和系统的说明，以提高所有与科技活动有关的国际统计的质量和可比性。

第二节　主要国际组织的科技统计

从世界范围看，许多国际组织如 OECD、UNESCO、欧盟统计局等均对科技统计工作进行了大量研究，并做出了重要贡献。其中，OECD 和 UNESCO 是世界从事科技统计最有影响的两大国际组织，世界各国的科技统计工作也主要采用这两个组织制定的标准和规范。

一　OECD 对科技统计的研究

OECD 的前身是欧洲经济合作组织（Organization for European Economic Co – operation，OEEC），它于 1948 年 4 月 16 日成立，总部设在巴黎。1961 年 9 月，OEEC 扩展为世界范围的组织——经济合作与发展组织（Organization for Economic Co – operation and Development，OECD）。目前，OECD 在科技统计方面的研究主要集中于 R&D 统计方面，它在 R&D 统计的标准和规范方面走在了前列。1963 年，OECD 出版了《弗拉斯卡蒂手册》第一版，并分别于 1970 年、1975 年、1980 年、1993 年和 2002 年出版了第二至第六修订版本。目前，OECD 正着手对第六版《弗拉斯卡蒂手册》进行修订。

《弗拉斯卡蒂手册》主要侧重于对 R&D 投入的统计，对 R&D 产出方面的统计存在一定的不足。同时，随着科技活动的范围和深度不断扩展，仅有 R&D 统计不足以描述与科学技术发展有关的所有投入和产出，因此 OECD 编写了一系列与 R&D 活动密切相关的非 R&D 活动统计方法手册或指南，起到了补充作用，目的是为适时描述全部科技活动的状况，对相应的数据收集与解释提供指南。OECD 的方法手册见表 3 – 1。

表 3 – 1　　　　　　　　　　　　OECD 的方法手册①

数据类型	名称
A. "弗拉斯卡蒂" 系列	"科学技术活动测度" 丛书
	《弗拉斯卡蒂手册》（OECD，2002）
R&D	《高等教育部门 R&D 统计和产出测度》（《弗拉斯卡蒂手册》增补本）（OECD，1989）
技术收支	《技术国际收支手册——TBP 手册》（OECD，1990）
创新	《OECD 推荐的技术创新数据收集和解释指南——奥斯陆手册》（OECD，1997）

① 转引自 OECD《弗拉斯卡蒂手册》，张玉勤译，科学技术文献出版社 2010 年版，第 3 页。

续表

数据类型	名称
专利	《专利科学技术指标手册》 （OECD，OCDE/GD（94）114）
科技人员	《科学技术人力资源测度——堪培拉手册》 （OECD，1995）
B. 其他科技方法论框架	
高技术	《高技术产业与产品分类修订》（OECD，STI 工作文件，1997/2）
文献计量学	《文献计量学指标与研究系统、方法与案例的分析》大久保嘉子（OECD，STI 工作文件，1997/1）
全球化	《经济全球化指标手册》
C. OECD 其他相关统计框架	
教育统计	《OECD 教育比较统计手册》
教育分类	《教育分类方案——ISCED－97 OECD 成员国实施手册》（OECD，1999）
培训统计	《培训统计最佳方法指南——概念、方法与调查》（OECD，1997）

　　OECD 经过多年的研究与实践，在科技统计方面积累了大量的研究经验，并成为世界上在科技统计方面最有影响的国际组织。其制定的科技统计标准和规范已经为各国际组织采用或借鉴。

　　二　联合国教科文组织对科技统计的研究

　　UNESCO 从 1960 年开始就着手搜集出版国际科技统计资料；1965 年专门设立科技统计处，从 1966 年开始向有关国家发放调查表，在制定科技统计标准和规范的同时也研究测度方法。UNESCO 在科技活动方面的不断努力，使科技统计工作的范围和定义在各个成员国中一致起来。经过广泛试验和长期研究，UNESCO 在 1977 年出版了《科学技术统计资料收集指南》；1978 年 11 月 27 日，UNESCO 在第二十届会议上通过了《关于科技统计国际标准化的建议案》；1984 年出版了《科学技术统计工作手册》。UNESCO 的科技统计规范吸收了

《弗拉斯卡蒂手册》的长处，同时又顾及众多发展中国家的特点，在地域和统计内容上具有更广的覆盖面。

自 1976 年开始，UNESCO 做出了各种努力开发收集科技信息与文献数据的方法体系，于 1984 年出版了《科技信息和文献指南》。从 1981 年开始建立了收集科学技术教育与培训统计资料的方法体系。进入 20 世纪 90 年代以来，随着世界科技发展形势的变化，1996 年 UNESCO 实施了一个科技统计的外部评价项目，评价结果建议 UNESCO 的科技统计方法体系应该与《弗拉斯卡蒂手册》保持一致，同时应该优先考虑进一步开发适合所有国家需要的国际科技指标。[①]

20 世纪 90 年代以来，特别是进入 21 世纪之后，随着各国际组织合作与交流的不断增加，UNESCO 所用的有关 R&D 活动的内涵、定义及分类等理论层面大多沿用了《弗拉斯卡蒂手册》当中的规定，只不过在具体的应用领域及范围上仍存在一定的差异。

三 联合国国民经济核算体系中的科技统计

联合国等国际组织制订和出版的《国民经济核算体系》（SNA），对国民经济生产、消费、积累等经济活动提供了完整的记录和展现。它于 1953 年初次出版，经过 1968 年、1993 年、2008 年三次主要修订。由于国际合作与交流的需要，SNA 与《弗拉斯卡蒂手册》之间也存在相互交流与融合，但两个体系在科技统计方面仍然存在着较大的差异，大致体现在三个方面：（1）经济部门和相关分类；（2）概念术语；（3）核算方法。[②]

由于 SNA 的首次出版时间要早于《弗拉斯卡蒂手册》，所以在 SNA 体系的形成之初，对科技或 R&D 统计的关注较少。即使在 1968 年完成 SNA 的修订之后，对 R&D 的关注也没有多大改变，直接将 R&D 看作是中间消耗。直到《弗拉斯卡蒂手册》第二次修订时，考虑到各个国际标准之间规范性的需要，少数专家明确强调《弗拉斯卡

---

① OECD：《弗拉斯卡蒂手册》，张玉勤译，科学技术文献出版社 2010 年版，第 178 页。

② 同上书，第 151 页。

蒂手册》的第二版必须与"新的"《国民经济核算体系》（SNA）保持一致，因此，在修订《弗拉斯卡蒂手册》时相关的定义和术语有了一定改变，但在核算方法上仍然存在一定差异。[①]

四　国际科技统计发展特点

纵观主要国际组织科技统计的制度及发展状况，有许多特点需要引起我们的注意，值得我国科技统计工作借鉴。

（一）国际科技统计的主体为 R&D 统计

科技统计诞生伊始，就是以 R&D 统计为核心，初期的科技统计主要是指 R&D 统计。如在两次世界大战中，美国和加拿大等国进行的科技统计均是对 R&D 资源进行的调查。并且，OECD 自 1963 年出版《弗拉斯卡蒂手册》以来，其关注的核心主要是 R&D 活动的相关指标。可以说，就早期西方发达国家的科技统计来看，科技统计就是指 R&D 统计。

1978 年 UNESCO 通过《关于科技统计国际标准化的建议案》之后，科技活动的范围有了变化，由原来的仅仅包括 R&D 扩展到了科技教育和培训及科技服务。其中，科技教育和培训"指专门化的非大学高等教育和培训、获得大学学位的高等教育和培训、研究生的培训和深造以及科学家和工程师的有组织的终生培训等一切活动"。[②] 科技服务指"同研究和实验性发展有关的并且有助于科技知识的产生、传播和应用的活动"。[③] 在《关于科技统计国际标准化的建议案》列举了 9 类科技服务，涵盖的内容非常广泛。科技教育和培训、科技服务均是与 R&D 密切相关的活动，它们虽然不是 R&D 活动，但这些活动能够为 R&D 活动提供有效的研究基础、知识储备、外围条件等，因此是科技活动不可或缺的组成部分，对这些非 R&D 的科技活动进行统计，也是科技统计非常重要的内容。

时至今日，为科学、有效、规范地对科技活动进行统计，OECD曾先后组织编写了一系列科技统计方法手册，但仍然是以《弗拉斯卡

[①]　OECD：《弗拉斯卡蒂手册》，张玉勤译，科学技术文献出版社 2010 年版，第 151 页。

[②]　UNESCO：《关于科技统计国际标准化的建议案》，1978 年 11 月。

[③]　同上。

蒂手册》中的 R&D 统计为核心。因此，虽然科技活动的范围在不断扩大，但科技统计的核心仍然是 R&D 统计。

（二）OECD 已经成为从事科技统计工作的领导性组织

自 1963 年出版《弗拉斯卡蒂手册》第一版以来，以《弗拉斯卡蒂手册》为核心，OECD 出版了大量有关科技统计的方法论手册或指南（见表 3－1）。这些手册有效地促进了科技统计的标准化、规范化，并成为世界各国从事科技统计的首选标准，也为联合国等国际组织予以采用或借鉴。可以说，OECD 已经成为从事科技统计工作的领导性组织，其制定的标准与规范已经成为世界各国制定科技统计制度的重要依据。

（三）就 R&D 统计的内容看，侧重于投入方面的统计

从本质上讲，人们对于 R&D 活动的关心实际上在于其产出方面，如新知识创造等，但由于缺乏必要的测算条件，难以对产出做出科学合理的统计与估算。因此，对 R&D 活动的测度不得不考虑从投入角度进行，对投入到 R&D 活动当中的人、财、物等进行统计，以反映 R&D 活动的状况。

为了更科学、全面地反映 R&D 乃至科技活动状况，OECD 先后组织编写了有关技术收支、专利、高技术、教育与培训等方面的统计方法论手册，指导世界各国的科技统计工作；但就世界各国的重视程度、可比性程度看，关于 R&D 投入方面的统计仍处于核心与主要地位。

第三节　OECD 的 R&D 统计分析

OECD 成立于 1961 年，总部设在巴黎。至 2016 年 8 月，OECD 的成员国总数为 35 个，大多数为发达的市场经济国家，也包含一些新兴国家。① 除成员国之外，OECD 邀请中国香港、新加坡、中国台

---

① OECD 的成员国包括澳大利亚、奥地利、比利时、加拿大、智利、捷克、丹麦、爱沙尼亚、芬兰、法国、德国、希腊、匈牙利、冰岛、爱尔兰、以色列、意大利、日本、韩国、拉脱维亚、卢森堡、墨西哥、荷兰、新西兰、挪威、波兰、葡萄牙、斯洛伐克、斯洛文尼亚、西班牙、瑞典、瑞士、土耳其、英国、美国。

湾等25个国家或地区成为观察员国，并且与俄罗斯、巴西、中国、印度、印度尼西亚、南非6个国家建立强化合作伙伴关系。OECD在线数据库当中提供有35个成员及6个强化伙伴关系国家的科技统计数据。由于OECD在科技统计方面的领先地位，所以对OECD科技统计的研究对我国科技统计工作具有重要的参考价值。

一 OECD 的 R&D 统计工作概述

OECD在有关科学、技术和创新等测度方面处于世界的前沿，它制定的许多统计标准与规范为世界各国普遍采用。

（一）OECD 的 R&D 统计工作

在OECD的科技统计中，R&D统计处于主体地位。R&D活动的统计对象是投入到R&D活动中的各项资源，包括R&D经费、R&D人员及用于R&D活动的资产等，从R&D的执行部门、活动类型、科学技术领域、资金来源等多个角度进行分类统计。同时从社会经济目标角度突出政府预算拨款用于R&D的资源情况。

仅有R&D统计不足以完全描述与科技活动有关的所有投入和产出，因此在R&D统计之外，OECD还开发了一系列非R&D的统计方法与指南以全面反映科技活动状况。如专利统计、技术国际收支统计、文献计量统计、高技术产品和产业统计、创新统计、科技人力资源统计、信息社会统计以及生物技术统计等。

（二）OECD 相关统计标准与规范

在长期的科技统计实践当中，OECD制定了许多科技统计方面的技术规范，并在实践当中不断完善，相关文献与规范已在表3-1当中予以列示。在上述标准和规范当中，与R&D统计联系最紧密的是《弗拉斯卡蒂手册》，该手册的最新版本为2002年出版的第六版。目前，该第六版正处于修订之中，即将出版修订后的第七版。

《弗拉斯卡蒂手册》首次出版于1963年。20世纪50—60年代，许多国家意识到科技在保持和提升国家竞争力当中的重要作用，大多数OECD国家开始收集R&D方面的统计数据，如美国、日本、加拿大、英国、法国、德国等。但各个国家在进行科技统计时，遵循的概念、范围、理论、原则、方法等各不相同，因此得到的统计结果缺乏可比性。为了适应科技统计国际化的需要，早在 OECD 的前身——欧洲经济合作组织（OEEC）时期，就开展了科技统计理论与方法方面的研讨活动。1957 年，OEEC 分别对英国和法国、美国和加拿大度量 R&D 的定义和方法提出了两份报告；1961 年，明确提出标准化的时机已经成熟。此后又经过两年多的准备工作，1963 年 6 月，OECD 成员国在意大利的弗拉斯卡蒂市举行了成员国 R&D 统计专家会议，发表了《弗拉斯卡蒂手册》，第一次规范了 R&D 统计的标准。此后，该手册分别于 1970 年、1974 年、1980 年、1993 年、2002 年进行了修订，目前采用的是 2002 年修订的第六版。

《弗拉斯卡蒂手册》现已成为 OECD 国家进行科技统计的纲领性文件，许多非 OECD 国家也都以该手册为本国科技统计的指引。我国自 20 世纪 80 年代末期开始就关注国际科技统计标准的发展变化，也以该手册作为制定科技统计标准的借鉴。目前，该手册的最新版本为 2002 年修订版，其基本内容大体上可以分为 R&D 的相关理论、R&D 的统计分类、R&D 人员与经费测度、R&D 调查方法与程序、政府 R&D 投入统计五个方面。

自 2002 年《弗拉斯卡蒂手册》第六版出版以来，已过去 10 年多时间。在此期间，R&D 活动的特点与方式、用户的需求、相关国际统计标准等也发生了较大变化，世界各国的专家也在为反映这种新变化不断研究新的方法。

2013 年 4 月，科技指标国家专家组（NESTI）启动了对《弗拉斯卡蒂手册》的新一轮修订，以反映 R&D 活动的这些新变化，适应 R&D 统计的新要求，满足各国 R&D 数据使用者及政策制定者的需要。本次修订力图达到以下五个具体目标：

（1）反映 R&D 的性质变化，包括跨国的、企业间及相关一些方面 R&D 的性质变化，并应考虑 R&D 定义在税收及会计方面的使用问题。

（2）充分考虑到该手册在发展中国家日益增长的广泛适用性，并注重与其他国家或组织在此领域的合作。

（3）突出方式方法的应用以解决面临的新问题，并充分利用各项补充数据资源。

（4）促进 R&D 统计数据在其他统计框架内特别是在国民经济核算账户中的应用。在新的国民经济核算体系当中，R&D 已经被视为资本形成进行核算。

（5）确保《弗拉斯卡蒂手册》为科技指标提供了一个有效的、活跃的工具，成为一个方便的在线知识库，并由此可通向其他相关资源。

二　OECD 的 R&D 统计调查制度分析

（一）R&D 统计调查计划

OECD 在 R&D 统计方面与欧盟统计局、UNESCO 开展紧密的协作，每年定期对 R&D 活动进行调查，以《弗拉斯卡蒂手册》作为调查的标准指南，并遵循《国际教育标准分类》（ISCED）。该项调查在 35 个成员国和 6 个非成员经济体当中展开。统计的结果将在出版物《R&D 统计》（*R&D Statistics*，每年出版一次）和《主要科学技术指标》（*Main S&T Indicators*，每年出版两次）当中发布（见表 3 - 2）；另外也可以经由网络通过 "R&D 的来源和方法数据库" （R&D Sources and Methods Database）在线查询。

表 3 - 2　　　　　　　　　OECD 的 R&D 统计计划

传送日期	提交日期	数据频率	联系方式
每年两次 二月/三月 六月	每年两次 三月/四月 七月	年度数据	RD Survey@ oecd. org

注：上述时间要求是指导性的，根据各个国家需要会予以调整。

2013 年度 OECD 有关 R&D 统计的调查问卷有四个，每个调查问卷均包括若干调查表（见表 3 - 3）。

表 3-3　　　　　　　　OECD 的 R&D 调查问卷

序号	主要调查内容	调查表数量 *
调查问卷 1	R&D 经费支出	20
调查问卷 2	R&D 人员	19
调查问卷 3	政府 R&D 预算拨款	1
调查问卷 4	其他统计内容	6

注：＊部分调查表需要按多个年度分别填写，实际填写的调查表数量可能会大于此数量。

在四份调查问卷中，问卷 1 和问卷 2 分别调查 R&D 经费支出及 R&D 人员情况，是调查的核心问卷（core questionnaire）；问卷 3 反映政府用于 R&D 的预算拨款情况；问卷 4 则是统计模块的组成部分，包括除上述内容之外的其他统计内容。

（二）R&D 经费调查分析

OECD 的 R&D 经费调查是在调查问卷 1 当中进行的。该问卷包括 20 张调查表，均是对各国 R&D 经费情况进行调查。具体调查表的名称或主要内容见表 3-4。

表 3-4　　　　　　　　OECD 的 R&D 经费调查

调查表代码	名称或主要内容（单位：百万本国货币）
C. E1	按执行部门及资金来源分类的 GERD
C. E2	按执行部门及国外资金机构部门分类的 GERD
C. E3	按执行部门及支出类型分类的 GERD
C. E4. 1	按执行部门及活动类型分类的 R&D 内部日常支出
C. E4. 2	按执行部门及活动类型分类的 R&D 内部总支出
C. E5	按执行部门及科学领域分类的 GERD
C. E6	按执行部门及社会经济目标分类的 GERD
C. E7	按执行部门分类的国防 GERD 估算
C. E8. 1 – ISIC3. 1 – NACE1. 1	按行业分类的企业 R&D 支出（ISIC3. 1 – NACE1. 1）
C. E8. 1 – ISIC4 – NACE2	按行业分类的企业 R&D 支出（ISIC4 – NACE2）
C. E8. 2 – ISIC3. 1 – NACE1. 1	按产品领域分类的企业 R&D 支出（ISIC3. 1 – NACE1. 1）

调查表代码	名称或主要内容（单位：百万本国货币）
C. E8. 2 – ISIC4 – NACE2	按产品领域分类的企业 R&D 支出（ISIC4 – NACE2）
C. E9 – ISIC3. 1 – NACE1. 1	研发行业的企业 R&D 支出（ISIC3. 1 – NACE1. 1）
C. E9 – ISIC4 – NACE2	研发行业的企业 R&D 支出（ISIC4 – NACE2）
C. E10 – ISIC3. 1 – NACE1. 1	按行业及资金来源分类的企业 R&D 支出（ISIC3. 1 – NACE1. 1）
C. E10 – ISIC4 – NACE2	按行业及资金来源分类的企业 R&D 支出（ISIC4 – NACE2）
C. E11 – ISIC3. 1 – NACE1. 1	按行业及支出类型分类的企业 R&D 支出（ISIC3. 1 – NACE1. 1）
C. E11 – ISIC4 – NACE2	按行业及支出类型分类的企业 R&D 支出（ISIC4 – NACE2）
C. E12	按企业规模及资金来源分类的企业 R&D 支出
C. E13	由国外部门支出的 GNERD

注：GERD 为 Gross Domestic Expenditure on R&D 的缩写，即国内 R&D 总经费；GNERD 为 Gross National Expenditure on R&D 的缩写，即国家 R&D 总经费。

1. R&D 经费调查表的基本内容

调查问卷 1 从不同角度和分类对 R&D 经费情况进行调查，包括部门、资金来源、经费支出类型、R&D 活动类型、科学技术领域、社会经济目标、行业产品领域、企业规模等。通过各种分类的交叉，可以获得有关 R&D 经费的全方位、多角度的信息，基本上涵盖了《弗拉斯卡蒂手册》当中需要调查的绝大部分内容。各个调查表的分类交叉情况见表 3 – 5。

表 3 – 5　　　　　R&D 经费调查表的交叉分类情况

调查表代码	交叉维度	时间范围
C. E1	执行部门、资金来源、时间	2007—2012 年
C. E2	执行部门、资金来源（国外部门）、时间	2007—2012 年
C. E3	执行部门、经费支出类型、时间	2007—2012 年
C. E4. 1	执行部门、R&D 类型、时间	2007—2012 年

调查表代码	交叉维度	时间范围
C. E4. 2	执行部门、R&D 类型、时间	2007—2012 年
C. E5	执行部门、科学技术领域、时间	2007—2012 年
C. E6	执行部门、社会经济目标、时间	2007—2012 年
C. E7	执行部门、时间	2007—2012 年
C. E8. 1 – ISIC3. 1 – NACE1. 1	行业、时间	2007—2012 年
C. E8. 1 – ISIC4 – NACE2	行业、时间	2007—2012 年
C. E8. 2 – ISIC3. 1 – NACE1. 1	产品领域、时间	2007—2012 年
C. E8. 2 – ISIC4 – NACE2	产品领域、时间	2007—2012 年
C. E9 – ISIC3. 1 – NACE1. 1	行业（服务行业）、时间	2007—2012 年
C. E9 – ISIC4 – NACE2	行业（服务行业）、时间	2007—2012 年
C. E10 – ISIC3. 1 – NACE1. 1	行业、资金来源、时间	2008—2011 年
C. E10 – ISIC4 – NACE2	行业、资金来源、时间	2008—2011 年
C. E11 – ISIC3. 1 – NACE1. 1	行业、支出类型、时间	2008—2011 年
C. E11 – ISIC4 – NACE2	行业、支出类型、时间	2008—2011 年
C. E12	资金来源、规模、时间	2007—2012 年
C. E13	国外执行部门、时间	2007—2012 年

调查表采用的分类标准主要以《弗拉斯卡蒂手册》为依据，部分分类在该手册的指南范围之内结合 OECD 的情况予以适当调整。下面主要就调查表的分类情况结合《弗拉斯卡蒂手册》予以分析。

2. R&D 经费调查表的主要分类标准

就 OECD 的 R&D 经费统计看，所采用的分类标准主要有 R&D 的执行部门、活动类型、产业类别、资金来源、科学技术领域、产品领域、支出类型等。

（1）部门。调查表按《弗拉斯卡蒂手册》的标准，将执行部门分为五类（见表 3 – 6）。

表 3 – 6 R&D 的执行部门分类

部分类别	OECD 调查表的部门分类	《弗拉斯卡蒂手册》推荐的标准
国内部门	企业	企业
	政府	政府
	高等教育	高等教育
	私人非营利组织	私人非营利组织
国外部门	国外企业 ——同一集团内企业 ——其他企业公司	企业 ——同一集团内企业 ——其他企业公司
	其他国家政府	其他国家政府
	高等教育	高等教育
	私人非营利组织	私人非营利组织
	国际组织	国际组织
	不另分类（N. E. C.）	

总体上看，调查表当中的部门分类标准与《弗拉斯卡蒂手册》推荐的标准基本上是一致的，只是个别名称略有不同。

在全部 20 张调查表当中，有 8 张表（表 C. E 1—表 C. E 7）按国内执行部门进行分类统计。在 4 张表国内部门当中，企业部门是 R&D 活动最主要的部门，居于主体地位。因此，有 11 张表全部针对企业部门分别从产业分类、资金来源、产品领域、经费支出类型等多个角度进行详细的交叉调查统计。

调查表当中还有 1 张表即表 C. E 13 则针对国外执行部门进行统计；而表 C. E 2 在统计资金来源时也涉及国外部门。调查表将国外部门分成五类，外加 1 个"不另分类"的类别，并对国外企业进一步区分为"同一集团内企业"和"其他企业公司"两个类别。

总体来看，按 R&D 的执行部门分类是经费调查中最重要和最基本的一种分类。

（2）产业分类与产品领域。R&D 的产业分类主要是针对企业部门而言。由于企业部门在 R&D 活动中的重要地位，所以在 R&D 调查表当中对企业部门 R&D 活动情况进行了较详细的调查，其中最重要的标准就是企业 R&D 活动的产业类别。

《弗拉斯卡蒂手册》第六版出版于 2002 年，其中的产业分类参照《国际标准产业分类（ISIC3.1）》① 和《欧盟经济活动统计分类（NACE1.1）》② 进行编排。2006 年和 2008 年，《国际标准产业分类（ISIC4）》和《欧盟经济活动统计分类（NACE2）》分别推出，为了反映产业分类的新变化，调查表又对产业分类按照新的标准进行了编排，对采用新旧产业分类标准的 R&D 经费分别进行统计。

表 3 - 7 和表 3 - 8 分别展示了新旧两种标准下的 R&D 统计产业分类。其中，表 3 - 7 所展示的行业分类与《弗拉斯卡蒂手册》推荐的标准是一致的，即按 ISIC 3.1 和 NACE 1.1 进行编排的；表 3 - 8 的分类则是根据 ISIC 4 和 NACE 2 进行编排的。

调查表当中有 11 张（表 C.E 8—表 C.E 11）是专门针对企业部门进行的调查，其中就有 10 张表涉及产业分类，各有 5 张表针对新旧产业分类标准进行统计。

表 3 - 7   R&D 统计的产业分类（依据 ISIC 3.1 和 NACE 1.1）

ISIC 3.1	NACE 1.1	产业名称
01，02，05	01，02，05	农业、狩猎、林业
10—14	10—14	采矿和采石业
15—37	15—37	制造业
15—16	15—16	食品、饮料和烟草业
15	15	食品及饮料
16	16	烟草制品
17—19	17—19	纺织品、毛皮和皮革制造业

---

① 《国际标准产业分类》修订本第 3.1 版（ISIC 3.1）于 2002 年 3 月由联合国统计委员会审议通过；第 4 版（ISIC 4）于 2006 年 3 月审议通过。
② 《欧盟经济活动统计分类》（NACE）源自 1961 年欧洲共同体所采用的"欧洲共同体产业分类体系（NACE）"，分别于 1990 年推出了 NACE 1.0、2002 年推出了 NACE 1.1，2008 年推出了最新版 NACE 2。

续表

ISIC 3.1	NACE 1.1	产业名称
17	17	纺织品
18	18	服装和皮毛制造业
19	19	皮革和鞋类产品制造业
20，21，22	20，21，22	木材、纸、印刷、出版业
20	20	木材、木材制品及软木制品制造业，但家具除外
21	21	纸浆、纸和纸制品
22	22	出版、印刷及记录媒介物的复制
23—25	23—25	焦炭、石油、核燃料、化学制品和产品、橡胶和塑料
23	23	焦炭、精炼石油产品和核燃料
小于 232	小于 23.2	焦炭和核燃料
232	23.2	精炼石油产品
24	24	化学品及化学制品制造业
小于 2423	小于 24.4	化学品和化学制品（较少的药物制品）制造业
2423	24.4	医药制造业
25	25	橡胶和塑料制品制造业
26	26	非金属矿物制品制造业
27	27	基本金属
271—2731	27.1—27.3，27.51，27.52	基本金属，钢铁铸造
272—2732	27.4，27.53，27.54	基本金属，有色金属
28—35	28—35	金属制品、机械及设备、工具和运输业
28	28	金属制品（机械设备除外）
29	29	未另分类的机械和设备
2911	29.11	发动机和涡轮机（飞机、汽车和摩托车发动机除外）
292	29.3—29.6	专用机械制造业
2922	29.4	机床

ISIC 3.1	NACE 1.1	产业名称
2927	29.6	武器和弹药
30	30	办公、会计和计算机机器制造业
31	31	电气机械及器材等
311	31.1	电动机、发电机和变压器
312	31.2	配电和控制装置
313	31.3	绝缘电线和电缆(包括光纤电缆)
314	31.4	蓄电池、原电池和原电池组
315	31.5	电灯和照明设备
319	31.6	其他电气设备等
32	32	无线电、电视和通信设备和装置
321	32.1	电子阀门,管和组件（包括半导体）
322	32.2	电视、无线电发射机和线路装置
323	32.3	电视和无线电接收机、录音录像或放音放像装置及有关消费品
33	33	医疗、精密和光学仪器,仪表（仪器）
3311	33.1	医疗器械、仪器及控制设备
3312	33.2	除工业过程控制设备外,用于测量、检查、测试、导航和其他用途的仪器和器具
3313	33.3	工业过程控制设备
332	33.4	光学仪器和摄影设备
333	33.5	钟表
34	34	汽车、挂车和半挂车
35	35	其他运输设备
351	35.1	船舶的建造和修理
352	35.2	铁道、电车道、机车车辆
353	35.3	飞机和航天器
359	35.4 + 35.5	未分类运输设备
36	36	家具,其他制造业

续表

ISIC 3.1	NACE 1.1	产业名称
361	36.1	家具制造业
369	36.2—36.6	其他制造业
37	37	回收利用
40—41	40—41	电、煤气和水的供应
45	45	建筑业
50—99	50—99	服务业
50—52	50—52	批发和零售贸易；汽车摩托车的修理
55	55	住宿业和餐饮业
60—64	60—64	交通运输、仓储和通信业
642	64.2	通信业
60—64(小于642)	60—64（小于64.2）	其他
65—67	65—67	金融中介（包括保险）
70—74	70—74	房地产、租赁和商业服务业
72	72	计算机及相关服务业
722	72.2	软件咨询与供应业
73	73	研究与试验发展
74	74	其他商业服务业
742	74.2, 74.3	建筑、工程及其他技术活动
75—99	75—99	社区、社会和个人服务业等

表 3-8   R&D 统计的产业分类（依据 ISIC 4 和 NACE 2）

ISIC 4	NACE 2	产业名称
01—03	01—03	农业、林业及渔业
05—09	05—09	采矿和采石
10—33	10—33	制造业
10—12	10—12	食品、饮料和烟草制品业
10—11	10—11	食品和饮料业
12	12	烟草制品业
13—15	13—15	纺织品、服装、皮革及相关产品制造业
13	13	纺织品制造业

续表

ISIC 4	NACE 2	产业名称
14	14	服装制造业
15	15	皮革及相关产品制造业
16—18	16—18	木材、纸张、印刷和复制品制造业
16	16	生产的木材和软木制品（除家具）；稻草制品和编结材料制品制造业
17	17	纸和纸制品制造业
18	18	记录媒体的印刷和复制
182	18.2	记录媒体的再生产
19	19	焦炭及精炼石油产品
20	20	化学品和化学制品
21	21	基本制药产品和药物制剂
22	22	橡胶及塑料制品
23	23	其他非金属矿产品
24	24	基本金属
241，2431	24.1—24.3，24.51，24.52	基础钢铁制造，钢铁铸造
242，2432	24.4，24.53，24.54	基本的贵金属和其他有色金属，有色金属的铸造
25—30	25—30	金属制品、计算机、电子和光学产品、电气设备、机械、汽车等运输设备
25	25	金属制品制造（机械和设备除外）
252	25.4	武器和弹药
26	26	计算机、电子和光学产品
261	26.1	电子元件及电路板
262	26.2	计算机及外部设备
263	26.3	通信设备
264	26.4	消费电子产品
265	26.5	测量、测试和导航仪器；仪表制造
266	26.6	辐射制造、电子医疗和电疗设备制造业

续表

ISIC 4	NACE 2	产业名称
267	26.7	光学仪器和摄影设备
268	26.8	磁性和光学介质
27	27	电气设备
28	28	机械及设备等制造
29	29	汽车、挂车和半挂车
30	30	其他运输设备
301	30.1	船舶和船舶建造
302	30.2	铁路机车车辆
303	30.3	空气和航天器及其相关机械
304	30.4	军用战斗车辆
309	30.9	交通运输设备制造维护与修理
31	31	家具制造业
32	32	其他制造业
325	32.5	医疗，牙科仪器及用品制造业
33	33	机械设备的维修和安装
35—39	35—39	电力、燃气、蒸汽、空调和供水，污水处理、废物管理和补救活动
35—36	35—36	电力、燃气、蒸汽和空调供应，水的收集、处理和供应业
37—39	37—39	污水处理，废弃物管理，整治活动
41—43	41—43	建筑业
45—82	45—82	商业经济服务业
45—47	45—47	批发零售贸易，机动车和摩托车修理
4651，4652	46.5	信息和通信设备批发业
49—53	49—53	运输业和仓储业
49	49	道路运输业和管道运输业
50	50	水上运输业
51	51	航空运输业
52	52	仓储业和运输服务业
53	53	邮政和快递活动

续表

ISIC 4	NACE 2	产业名称
55—56	55—56	住宿和餐饮服务
58—63	58—63	信息与通信
		出版、电影、视频和电视节目制作，录音和广播活动等
58—60	58—60	
58	58	出版业
581	58.1	图书、期刊和其他出版业
582	58.2	软件发行
59—60	59—60	电影、电视节目制作等活动
59	59	电影、电视节目制作、录音和音乐出版业
60	60	编程和广播业
61	61	通信业
62	62	计算机程序设计、咨询及相关活动
63	63	信息服务业
631	63.1	数据处理，托管和相关活动；门户网站
639	63.9	其他信息服务业
64—66	64—66	金融及保险业
68	68	房地产业
69—82	69—82	专业、科学、技术、行政和支持服务业
69—75	69—75	专业、科学和技术
72	72	科学研究与发展
77—82	77—82	行政和支持服务业
77	77	租赁和租赁业
78	78	就业活动
79	79	旅行社、旅游经营者及其他预订服务及相关活动
80	80	安全与调查活动
81	81	建筑和景观活动服务
82	82	办公室行政，办公室支持和其他业务支持活动

续表

ISIC 4	NACE 2	产业名称
84—85	84—85	公共管理与国防，义务社会保障与教育
84	84	公共管理和国防；强制性社会保障
85	85	教育
86—88	86—88	人类健康和社会工作活动
86	86	人类保健业
87—88	87—88	居住保健活动与无须调节的社会工作活动
90—93	90—93	艺术、游戏和娱乐业
94—99	94—99	其他服务业，家庭作为雇主的活动和域外组织机构的活动
951	95.1	计算机和通信设备维修业

对企业部门而言，产业分类是最主要的一种分类形式。但对同一企业而言，不同的产业分类标准可能会导致不同的分类结果。调查表封面页首先要求被调查国家对产业分类标准进行选择，提供了两个选项：①主要活动，即按企业的主要活动划分产业类型；②产品领域，即按企业生产的产品所属领域划分产业类别。

（3）活动类型。调查表 C. E 4.1 和 C. E 4.2 是从执行部门及活动类型分类角度对 R&D 内部日常支出进行统计。涉及 R&D 活动的基本类型有三类。

表 3 − 9　　　　　　　　　　R&D 活动类型分类

序号	调查表采用的 R&D 活动类型	《弗拉斯卡蒂手册》推荐的标准
1	基础研究	基础研究
2	应用研究	应用研究
3	试验发展	试验发展
4	不另分类	

调查表所采用的 R&D 活动类型与《弗拉斯卡蒂手册》推荐的标准基本上是一致的，只是又设置了"不另分类"（not elsewhere classified）项，或许是为了填报难以区分活动类型的 R&D 支出。

（4）资金来源。调查表当中有 4 张表（表 C. E 1、表 C. E 2、表 C. E 10、表 C. E 12）涉及对 R&D 资金来源的调查。按来源部门不同，资金来源首先划分成国内与国外两个部门，每个部门下又分别划分成若干子部门（见表 3 - 10）。

表 3 - 10 　　　　　　　R&D 资金来源的部门分类

部分类别	调查表资金来源的部门分类	《弗拉斯卡蒂手册》推荐的标准
国内部门	企业部门	企业部门 ——自有企业 ——同一集团内的其他企业 ——其他企业
	政府部门 ——直接政府部门 ——一般大学资金	政府部门 ——中央政府或联邦政府（不含一般大学资金） ——省政府或州政府（不含一般大学资金） ——政府一般大学资金
	高等教育部门	高等教育部门
	私人非营利部门	私人非营利部门
国外部门	国外企业 ——同一集团内企业 ——其他企业公司	企业 ——同一集团内的企业 ——其他企业
	其他国家政府	其他国家政府
	高等教育	高等教育
	私人非营利机构	私人非营利
	欧盟委员会	欧盟
	国际组织	国际组织
	不另分类	

需要注意的是，R&D 的执行部门和资金来源部门均涉及部门分类，虽然二者的分类大体相似，但由于关注的重点不同，分类上也略有区别。在资金来源的国内部门当中，政府部门下又细分为"直接政

府部门"和"一般大学资金",这主要是为高等教育部门执行的 R&D
经费统计而设,目的是区分直接来源于政府的 R&D 经费与来自一般
大学资金(主要来源于政府对大学的一般拨款)的 R&D 经费。其他
执行部门的资金来源一般不会产生混淆,因此无须进行细分。在资金
来源的国外部门当中,考虑到欧盟委员会对 OECD 成员国的影响,因
此专门设立了欧盟委员会这一类别,以反映来自欧盟的 R&D 资金。

　　整体上看,资金来源的部门分类与《弗拉斯卡蒂手册》推荐的标
准大的分类是一致的,只是在部门当中的具体分类上有所调整。

　　(5)科学技术领域。调查表中有 1 张表(表 C. E5)涉及科学技
术领域,对企业、政府、高等教育和私人非营利部门等国内 R&D 执
行部门进行分类统计。

　　《弗拉斯卡蒂手册》当中将科学技术领域划分自然科学、工程与
技术、医学与健康科学、农业科学、社会科学、人文科学六个领域,
并列出了每一类别当中的主要科学领域、子领域,但各子领域所包含
的学科的次级分类则由各个国家自行决定。

　　为了弥补这一缺陷,2007 年 OECD 出版了《〈弗拉斯卡蒂手册〉
修订后的科学技术领域分类》①,对科学技术领域分类给出了推荐标
准,OECD 的调查表当中则采用了这个标准。具体科学技术领域的分
类情况见表 3 – 11。

表 3 – 11　　　　　　　　　　**R&D 的科学技术领域分类**

代码	科学技术领域
1	自然科学
1. 1	数学
1. 2	计算机信息
1. 3	物理科学

----

　　①　OECD, *Revised Field of Science and Technology*(*Fos*)*Classification in the Frascati Manual*, 2007.

代码	科学技术领域
1.4	化工科学
1.5	地球及相关环境科学
1.6	生物科学
1.7	其他自然科学
2	工程与技术
2.1	土木工程
2.2	电气工程、电子工程、信息工程
2.3	机械工程
2.4	化学工程
2.5	材料工程
2.6	医药工程
2.7	环境工程
2.8	环境生物技术
2.9	工业生物技术
2.10	纳米技术
2.11	其他工程技术
3	医学与健康科学
3.1	基础医学
3.2	临床医学
3.3	健康科学
3.4	卫生生物技术
3.5	其他医学科学
4	农业科学
4.1	农业、林业和渔业
4.2	动物与乳品科学
4.3	兽医科学
4.4	农业生物技术
4.5	其他农业科学
5	社会科学
5.1	心理学

续表

代码	科学技术领域
5.2	经济学和商务学
5.3	教育科学
5.4	社会学
5.5	法律
5.6	政治学
5.7	社会和经济地理
5.8	媒体和通信
5.9	其他社会科学
6	人文科学
6.1	历史和考古学
6.2	语言与文学
6.3	哲学、道德和宗教
6.4	艺术（艺术、历史的艺术、表演艺术、音乐）
6.5	其他人文学科

按《弗拉斯卡蒂手册》推荐的标准，R&D 的科学技术领域可以从统计单位[①]或 R&D 活动功能[②]角度进行划分。但按统计单位划分的科学技术领域主要用于私人非营利部门和高等教育部门，而按 R&D 活动功能划分的科学技术领域推荐被用于高等教育部门、政府部门和私人非营利部门，在企业部门当中也可能采用。OECD 的调查表当中对所有国内部门均采用此科学技术领域分类，此处的科学技术领域分类应当是从 R&D 活动的功能角度进行划分并统计的。

（6）社会经济目标。调查表中的表 C.E6 涉及社会经济目标的调查，对企业、政府、高等教育和私人非营利部门等国内 R&D 执行部门进行分类统计。

《弗拉斯卡蒂手册》没有对社会经济目标的具体分类给出一般建

---

① OECD：《弗拉斯卡蒂手册》，张玉勤译，科学技术文献出版社 2010 年版，第 3.6.2、3.7.2 节。

② 同上书，第 4.4 节。

议，但认为至少要包括国防和环境的治理及保护两个类别。另外，作为参照，《弗拉斯卡蒂手册》给出了基于《科学计划和预算的分析比较术语》（NABS）的社会经济目标分类见表 3 – 12。

表 3 – 12 R&D 的社会经济目标分类

序号	调查表中的社会经济目标	NABS 的分类
1	地球探测与开发	地球探测与开发
2	环境	环境的治理和保护
3	空间探测与开发	空间探测与开发
4	运输、通信和其他基础设施	基础设施和土地利用的总体规划
5	能源	能源的生产、分配和合理利用
6	工业生产与技术	工业生产与技术
7	健康卫生	人类健康的保护与改善
8	农业	农业生产与技术
9	教育	
10	文化、娱乐、宗教和大众传媒	
11	政治和社会制度、结构和程序	社会结构与社会关系
12	一般的知识进步	非定向研究
13	国防	国防
14		其他民用研究

可以看出，调查表中的分类较 NABS 的分类增加了"教育"和"文化、娱乐、宗教和大众传媒"两个类别，但没有设置"其他民用研究"类别，其他类别大体一致。

（7）经费支出。R&D 经费支出可分为两类：日常支出和资本支出。由于某些成员国不能在统计中包括资本支出数据，所以《弗拉斯卡蒂手册》建议仅对内部日常支出进行比较。[1] OECD 调查表中，有 4

———————

① OECD：《弗拉斯卡蒂手册》，张玉勤译，科学技术文献出版社 2010 年版，第 4.3.1 节。

张表即表 C. E3、表 C. E4. 1、表 C. E11（2 张）涉及经费支出类型，所采用的 R&D 经费支出类型见表3 – 13。

表3 – 13　　　　　　　　　R&D 经费支出类型

R&D 经费支出	调查表的支出类型	《弗拉斯卡蒂手册》推荐的分类
日常支出	劳动力 其他日常支出	劳动力 其他日常支出
资本支出	土地和建筑物 仪器和设备	土地和建筑物 仪器和设备 计算机软件

《弗拉斯卡蒂手册》中的资本支出除土地和建筑物、仪器和设备之外，还包括计算机软件。OECD 的调查表当中没有包括计算机软件。

（8）企业规模。调查表当中的表 C. E12 涉及企业规模分类，是按照企业雇用人员数量进行分类的，所采用的分类标准（见表3 – 14），与《弗拉斯卡蒂手册》推荐的标准相比略有差别。

表3 – 14　　　　　　　　按雇员数量的企业规模分类

序号	OECD 调查表采用的标准	《弗拉斯卡蒂手册》推荐的标准
1	0	0
2	1—9	1—9
3	10—49	10—49
4	50—249	50—99
5	250—499	100—249
6	500—999	250—499
7	≥500	500—999
8	≥1000	1000—4999
9		5000 人及以上

（9）研发行业。当 R&D 是在一个专门从事 R&D 的法人实体中进

行时，该单位应归类为面向企业的 R&D 单位，即研发行业（ISIC 3.1 和 NACE 1.1 第 73 类，ISIC 4 和 NACE 2 第 72 类）。[①]

OECD 调查表中专门设立了表 C. E9（2 张表）来反映研发行业 R&D 情况，按其所服务行业进行统计。

（10）国防 R&D。调查表中 C. E7 按执行部门分类，分别对企业、政府、高等教育、私人非营利部门及全国层面用于国防的 R&D 进行统计。

（三）R&D 人员调查分析

OECD 的 R&D 人员调查是在调查问卷 2 当中进行的。该问卷包括 19 张调查表，具体调查表的名称或主要内容见表 3 - 15。

表 3 - 15　　　　　　　　OECD 的 R&D 人员调查问卷

调查表代码	名称或主要内容	单位
C. P1	按部门及职业分类的 R&D 人员	人
C. P2	按部门及职业分类的女性 R&D 人员	人
C. P3	按部门及资格分类的 R&D 人员	人
C. P4	按部门及资格分类的女性 R&D 人员	人
C. P5	按部门及资格分类的研究人员	人
C. P6	按部门及资格分类的女性研究人员	人
C. P7	按部门及科学领域分类的研究人员	人
C. P8	按部门及科学领域分类的女性研究人员	人
C. P9	按部门及职业分类的 R&D 人员	FTE
C. P10	按部门及职业分类的女性 R&D 人员	FTE
C. P11	按部门及资格分类的 R&D 人员	FTE
C. P12	按部门及科学领域分类的 R&D 人员	FTE
C. P13	按部门及资格分类的研究人员	FTE
C. P14	按部门及科学领域分类的研究人员	FTE
C. P15	按部门及科学领域分类的女性研究人员	FTE

---

① 《弗拉斯卡蒂手册》第 3.4.2 节。

续表

调查表代码	名称或主要内容	单位
C. P16 – ISIC3. 1 – NACE1. 1	按行业分类的企业 R&D 人员	FTE
C. P16 – ISIC4 – NACE2	按行业分类的企业 R&D 人员	FTE
C. P17 – ISIC3. 1 – NACE1. 1	按行业分类的企业研究人员	FTE
C. P17 – ISIC4 – NACE2	按行业分类的企业研究人员	FTE

注：FTE 即 Full – time equivalence，全时工作当量。

1. R&D 人员调查表的基本情况分析

调查问卷 2 从不同角度分类对 R&D 人员情况进行调查，涉及的分类包括部门、行业、科学技术领域、职业、资格等。

与 R&D 经费调查表类似，R&D 人员调查表也很少有单一维度的调查，绝大部分调查表是同时采用两个甚至三个维度交叉分类进行调查，以获取更多需要的信息。通过各种分类的交叉，可以获得有关 R&D 人员的全方位、多角度的信息，基本上涵盖了《弗拉斯卡蒂手册》当中需要调查的绝大部分内容。各个调查表的分类交叉情况见表 3 – 16。

表 3 – 16　　　　　　　　　R&D 人员调查表的交叉分类情况

调查表代码	交叉维度	时间范围
C. P1	部门、职业、时间	2007—2012 年
C. P2	部门、职业、时间	2007—2012 年
C. P3	部门、资格、时间	2007—2012 年
C. P4	部门、资格、时间	2007—2012 年
C. P5	部门、资格、时间	2007—2012 年
C. P6	部门、资格、时间	2007—2012 年
C. P7	部门、科学领域、时间	2007—2012 年
C. P8	部门、科学领域、时间	2007—2012 年
C. P9	部门、职业、时间	2007—2012 年
C. P10	部门、职业、时间	2007—2012 年
C. P11	部门、资格、时间	2007—2012 年

续表

调查表代码	交叉维度	时间范围
C. P12	部门、科学领域、时间	2007—2012 年
C. P13	部门、资格、时间	2007—2012 年
C. P14	部门、科学领域、时间	2007—2012 年
C. P15	部门、科学领域、时间	2007—2012 年
C. P16 – ISIC3. 1 – NACE1. 1	企业部门、行业、时间	2007—2012 年
C. P16 – ISIC4 – NACE2	企业部门、行业、时间	2007—2012 年
C. P17 – ISIC3. 1 – NACE1. 1	企业部门、行业、时间	2007—2012 年
C. P17 – ISIC4 – NACE2	企业部门、行业、时间	2007—2012 年

R&D 人员调查表采用的分类标准主要以《弗拉斯卡蒂手册》为依据，部分分类在手册的指南范围之内结合 OECD 的情况予以适当调整。在 R&D 人员调查表涉及的众多分类中，部门、行业、科学技术领域的分类与 R&D 经费调查中的分类相同，此处不再赘述。下面主要就 R&D 人员调查表的其他分类情况，结合《弗拉斯卡蒂手册》予以分析。但需要指出的是，按部门分类仍然是对 R&D 人员进行调查的最基本和最重要的分类标准。在针对 R&D 人员的 19 张调查表当中，有 15 张表按部门进行分类统计，其余 4 张表则是专门针对企业部门 R&D 人员进行的统计。

2. R&D 人员调查表的主要分类标准

（1）R&D 人员的职业分类。对 R&D 人员的调查当中，所从事的职业是一个重要的分类标准。调查表当中所采用的职业分类见表 3 - 17。

表 3 - 17　　　　　　　　R&D 人员的职业分类

序号	调查表的职业分类	《弗拉斯卡蒂手册》的推荐分类
1	研究人员	研究人员
2	技术人员	技术人员和同等人员
3	其他辅助人员	其他辅助人员

调查表中 R&D 人员的职业分为三类：研究人员、技术人员和其他辅助人员，基本上与《弗拉斯卡蒂手册》推荐的分类一致。

（2）R&D 人员的资格分类。调查表当中有 7 张表（表 C. P3—表 C. P6、表 C. P11—表 C. P13）涉及研究人员的正式资格，采用的资格分类见表 3 – 18。

表 3 – 18　　　　　　　　　　R&D 人员的资格分类

序号	OECD 调查表采用的分类	《弗拉斯卡蒂手册》推荐分类
1	高等教育的第二阶段——博士学位（ISCED 6）	大学博士学位持有者（ISCED 6）
2	高等教育的第一阶段——理论导向（ISCED 5A）	博士学位以下的大学学位持有者（ISCED 5A）
3	高等教育的第一阶段——实践导向（ISCED 5B）	其他高等学位持有者（ISCED 5B）
4	其他资格（ISCED 4 及以下层次）	其他中学后教育及非高等教育文凭的持有者（ISCED 4）
		中学教育文凭持有者（ISCED 3）
		其他资格

R&D 人员的资格分类完全是按照教育水平来定义的，与所从事的专业领域无关。从表 3 – 18 可以看出，《弗拉斯卡蒂手册》推荐的资格共分为 6 个层次，除高等教育的三个层次外，还将 ISCED 3 和 ISCED 4 划分成了单独的资格层次。而 OECD 调查表的分类仅有 4 种，将 ISCED 4 及以下阶段合并成了一类。这样的分类可能与 OECD 国家的教育水平普遍较高有关。

（3）R&D 人员的性别分类。OECD 的 R&D 人员调查表的 19 张表中专门有 6 张表对女性 R&D 人员或研究人员进行统计，涉及部门、资格、科学领域等多方面的调查信息，突出了对从事 R&D 活动的女性人员的统计。

（4）人员数量与全时工作当量。对 R&D 人员进行测度可以记录从事 R&D 活动的人员数量，也可以按照 R&D 人员的工作时间记录全时工作当量。前者简单易行，反映用于 R&D 活动的人员总数；后者统计起来略有复杂，但却是对 R&D 人员投入量的真正测度，也是具有国际可比性的指标。

因此，在 OECD 的 R&D 人员调查表当中，对于较重要的指标分别从人员数量（人）和全时工作当量（人·年）两个角度进行统计，以反映 R&D 人员投入量的全貌。

（四）政府预算拨款或决算统计

OECD 的调查问卷 3 是针对政府预算或决算（以下简称 GBAORD）按社会经济目标进行统计，统计时间段为 2008—2013 年。此调查表的社会经济目标分类与 R&D 经费当中的社会经济目标分类大体一致，但更加细致，具体分类情况见表 3 – 19。

表 3 – 19　　　　　　　　GBAORD 的社会经济目标分类

序号	调查表中的分类	《弗拉斯卡蒂手册》的分类
1	地球探测与开发	地球探测与开发
2	环境	环境的治理和保护
3	空间探测与开发	空间探测与开发
4	运输、通信和其他基础设施	基础设施和土地利用的总体规划
5	能源	能源的生产、分配和合理利用
6	工业生产与技术	工业生产与技术
7	健康卫生	人类健康的保护与改善
8	农业	农业生产与技术
9	教育	
10	文化、娱乐、宗教和大众传媒	
11	政治和社会制度、结构和程序	社会结构与社会关系
12	一般的知识进步：一般大学资金（GUF）资助	非定向研究：GUF 资助的研究
121	——自然科学	
122	——工程科学	
123	——医药科学	
124	——农业科学	

续表

序号	调查表中的分类	《弗拉斯卡蒂手册》的分类
125	——社会科学	
126	——人文科学	
13	一般的知识进步：除 GUF 外其他资金资助	非定向研究：其他资金资助的研究
131	——自然科学	
132	——工程科学	
133	——医药科学	
134	——农业科学	
135	——社会科学	
136	——人文科学	
14	国防	国防
15		其他民用研究

整体上看，调查表中的社会经济目标分类与《弗拉斯卡蒂手册》的分类大体一致，但又做了一定的调整。可以看出，与《弗拉斯卡蒂手册》的分类相比，调查表中增加了"教育""文化、娱乐、宗教和大众传媒"两个社会经济目标，也可以认为是将这两类社会经济目标从《弗拉斯卡蒂手册》当中的"其他民用研究"项中单独列出来，但在调查表当中没有"其他民用研究"项。第12、13 类别实际上是将《弗拉斯卡蒂手册》当中"非定向研究"和"一般大学资金资助的研究"两个类别结合在了一起，并按科学技术领域进行分类统计。

另外需要说明的是，此处的社会经济目标与 R&D 经费调查中的社会经济目标有所不同。此处的社会经济目标是从政府作为资助者角度出发，调查其资助 R&D 的社会经济目标；而 R&D 经费调查当中的社会经济目标是针对作为 R&D 项目实施者所进行的调查。二者的分类大体一致，但存在一定的不同，主要体现在"一般大学资金"项目上。

（五）OECD 模块调查项目

调查问卷4 调查了其他一些有关项目，作为 OECD 模块的一部分出现。此调查问卷与上述三个调查问卷的主要区别在于，前三个调查问卷包含了 OECD、欧盟统计局（ESTAT）或 UNESCO 三个国际组织需要的数据，对不同组织需要的数据用不同颜色予以区分；调查问卷 4 则主要是 OECD 需要的数据。此问卷包括 6 张调查表，具体调查表的名称或主要内容见表 3 - 20。

表 3 - 20   OECD 模块问卷调查

调查表代码	调查表名称	单位
O. P1	按部门及年龄分类的研究人员数量	人
O. P2	按部门及国籍分类的研究人员数量	人
O. E1	按科学领域、资金来源和支出类型分类的高等教育部门 R&D 支出	百万本国货币
O. E2	按科学领域、资金来源和支出类型分类的私人非营利部门 R&D 支出	百万本国货币
O. E3	按国外执行部门分类的国家 R&D 总支出	百万本国货币
O. E4	按执行部门和资金来源分类的国防 R&D 支出	百万本国货币

1. OECD 模块调查的基本情况

调查问卷 4 与调查问卷 1 和调查问卷 2 存在直接的联系，其部分指标直接取自调查问卷 1 和调查问卷 2，并对这些指标进行更加细化的调查。调查问卷 4 采用的分类如年龄、国籍等是前面的调查中没有出现的，因此提供了许多新的信息。

与 R&D 经费和人员调查表类似，调查问卷 4 中的大部分调查表是同时采用两个甚至三个维度交叉分类进行调查，以获取更多需要的信息。各个调查表的分类交叉情况见表 3 - 21。

表 3 - 21   R&D 模块调查表的交叉分类情况

调查表代码	交叉维度	时间范围
O. P1	部门、年龄、时间	2007—2012 年
O. P2	部门、国籍、时间	2007—2012 年

续表

调查表代码	交叉维度	时间范围
O. E1	（高等教育部门）科学领域、资金来源、支出类型、时间	2008—2012 年
O. E2	（私人非营利部门）科学领域、资金来源、支出类型、时间	2008—2012 年
O. E3	国外执行部门、时间	2008—2012 年
O. E4	执行部门、资金来源	2007—2012 年

在调查问卷 4 中，涉及的部门、科学领域、资金来源、经费支出类型等的分类标准与前述问卷相同，下面对其他分类情况如国籍、年龄等结合调查内容进行分析。

2. OECD 模块调查的主要内容

（1）研究人员情况调查。调查表 O. P1 和调查表 O. P2 均是针对 R&D 人员当中的研究人员数量进行调查。

调查表 O. P1 采用部门和年龄交叉分类，将研究人员的年龄分成 6 类，所采用标准与《弗拉斯卡蒂手册》建议的分类是一致的（见表 3 - 22）。

表 3 - 22 　　　　　　　　研究人员的年龄分类

序号	年龄分类
1	25 岁以下
2	25—34 岁
3	35—44 岁
4	45—54 岁
5	55—64 岁
6	65 岁及以上

调查表 O. P2 采用部门和国籍交叉分类，将研究人员从国籍角度分成 7 类（见表 3 - 23）。这种分类在《弗拉斯卡蒂手册》中没有涉及。

表 3 - 23   研究人员的国籍分类

序号	国籍
1	本国公民
2	外国公民
3	欧盟
4	美国
5	其他 OECD 国家
6	非 OECD 国家
7	不详

（2）部门 R&D 经费支出调查。调查表 O. E1 和调查表 O. E2 分别对高等教育部门和私人非营利部门的 R&D 支出情况进行详细调查，所采用的分类标准达到 3 个（不包括时间）：科学技术领域、资金来源和经费支出类型。这些类别的划分与 R&D 经费和人员调查采用的分类是一致的。由于涉及 2008—2012 年度调查，所以需要分 5 个表进行填报。这样，两个调查表均能提供部门内"资金来源×科学技术领域×时间"以及"经费支出类型×科学技术领域×时间"两类综合统计信息。

（3）国家 R&D 总支出。调查表 O. E3 统计按国外 R&D 执行部门和（本国）资金来源部门分类的（本国）国家 R&D 支出情况，具体分类标准与调查问卷 1 和调查问卷 2 的有关分类标准相同。可以提供"国外执行部门×（本国）资金来源部门×时间"等综合统计信息。

（4）国防 R&D 经费。调查表 O. E4 提供按部门及资金来源分类的用于国防的 R&D 支出情况。能够提供"部门×资金来源×时间"等综合统计信息。

需要特别注意的是，此处表 O. E4 和调查问卷 1 当中的表 C. E7 都是针对国防 R&D 经费进行统计，并且表 O. E4 中的各部门"国防 R&D 支出"数据直接来自表 C. E7。但表 O. E4 的分类更加细致，对每一部门内部按资金来源的国防 R&D 经费都进行了统计；而表 C. E7 当中仅仅有各个部门的国防 R&D 经费的总数据，没有进一步的分类信息。

三　OECD 的 R&D 统计经验及对我国的启示

OECD 是科技统计方面的领先者，通过对该组织 R&D 统计工作的分析，能够得到以下几点经验与启示：

（一）R&D 经费、人员及政府拨款构成问卷最主要的调查部分

OECD 的调查问卷主要由四部分构成，除第四部分外，前三部分分别对 R&D 经费、R&D 人员及政府预算拨款情况进行统计，反映了 OECD 关心的主要方面，这些方面恰恰也是世界各国政府所关心的主要方面，具备较强的可比性，可以进行国际比较。

（二）严格按《弗拉斯卡蒂手册》标准规范进行问卷设计

从调查表的设计来看，OECD 的调查表设计是在《弗拉斯卡蒂手册》的框架下进行的，除少量分类有所调整外，绝大部分统计内容均是按照《弗拉斯卡蒂手册》推荐的标准设计的。这样既能够保证数据的覆盖面，又能最大限度地保证统计数据的可比性。

（三）调查分类比较细致，能够提供多角度、多层次信息

OECD 的 R&D 统计无论是经费还是人员，分类都很细致，基本上涵盖了社会各层面所关心的以及《弗拉斯卡蒂手册》推荐的所有方面。这样的统计数据结果才能够提供多层次、多角度的统计信息，满足国家决策及社会各个阶层统计分析的需要。

（四）对政府 R&D 经费的社会经济目标进行了专门统计

从现实情况看，世界各国均比较重视政府的科技经费支出情况，因此在 OECD 调查问卷中，专门设计了政府预算拨款或决算数据的调查问卷，针对政府 R&D 经费按社会经济目标进行统计。这样有助于了解政府资金资助 R&D 活动的情况，更好地分析政府的政策取向。

第四章 我国 R&D 统计状况分析

　　我国并没有单独的 R&D 统计制度，现有 R&D 统计是依托科技统计制度进行的，因此，讨论 R&D 统计的发展过程并不能脱离科技统计。本章即结合我国科技统计制度情况，通过梳理我国 R&D 统计的发展过程，并结合我国现行科技统计制度，剖析我国科技统计制度特别是 R&D 统计制度当中存在的问题。

第一节 我国科技统计的产生与发展

　　我国科技统计工作始于 20 世纪 70 年代末，在之前，由于没有建立规范的科技统计制度，难以掌握全国科技投入与产出状况以及全国科技资源的分配与使用情况，不能为政府相关部门科技决策提供有效支撑。因此，从 20 世纪 70 年代末开始，我国开始就科技统计进行理论与方法上的准备。1978 年，我国组织了全国科学技术人员情况普查，标志着我国正式开始科技统计工作。在科技统计工作的进行过程中，我国 R&D 统计也从无到有，不断发展和完善。归纳起来，我国科技统计工作发展过程大致可以分成五个阶段。

一 1978 年之前：科技专项调查阶段

　　从新中国成立到 1978 年，我国没有建立规范的科技统计制度，对科技活动情况的掌握是通过进行若干次科技专项调查实现的。在此期间，我国组织了四次较大规模的科学技术专项调查活动，包括 1954 年工程技术人员调查；1958 年科学研究机构调查；1960 年科学技术干部调查；1966 年自然科学研究机构和人员调查。

通过几次专项科技调查活动，取得了当时急需的科技活动情况资料，为相关部门决策提供了依据。另外，由于在科技统计理论方面的研究不足，对于统计方法及指标的认识存在缺陷，并且与国际相关组织的交流不够，此阶段的科技统计工作还没有引入 R&D 的概念。因此，历次科技专项调查活动均没有涉及 R&D 活动的调查。

二　1978—1987 年：科技普查阶段

随着改革开放之后社会经济的发展，社会各界对科技数据的需求不断增大，政府相关部门制定科技政策对科技数据的要求也在不断增多，以往针对某项专题的专项调查已不能满足社会各个阶层的需要。1978 年开始，我国在科技专项调查的基础上，有针对性地组织了两次科技普查活动：(1) 1978 年全国自然科学技术人员情况普查；(2)1985 年全国科技普查。

此阶段我国的科技统计工作仍然处于起步阶段，虽然在某些指标体系设计上采用了 UNESCO 的规范，但仍然没有设立 R&D 活动的相关统计指标，从调查数据结果中并不能得出 R&D 活动的相关数据。同时，由于由不同部门分别负责政府科研机构、普通高等学校和大中型工业企业三个相对独立系统的科技统计，在统计指标设计上存在较大的差异，其统计结果难以简单汇总。

三　1988—1990 年：R&D 统计的起步阶段

1988 年开始，我国的科技统计开始与国际标准靠拢。在此期间，我国认真研究了国际科技统计的标准规范，在科技统计中引入了 R&D 的概念，对相关指标进行了调查。此阶段主要有两次大规模的调查活动：(1) 1988 年全国 R&D 投入抽样调查；(2) 1990 年 20 个省市全社会科技投入调查。

此阶段科技统计工作具有两个明显突破：一是在科技统计指标体系设立了 R&D 相关统计指标，进一步与国际规范接轨；二是首次取得了符合国际标准的 R&D 统计数据，可以实现科技统计的国际比较。但是，此阶段我国的科技统计工作仍然处于与国际标准的接轨时期，虽然引入了 R&D 统计指标，但相关统计制度并没有建立完善。

四 1991—1999 年：科技统计年报制度建立阶段

从 1991 年开始，由国家统计局牵头，联合科技部、教育部、国防科工委等部门，初步建立起了条块分割的科技综合统计年报制度，由国家统计局、科技部、教育部、国防科工委等部门分别负责企业、研究机构（民口）、高等学校、研究机构（军口）等 R&D 活动主体的科技统计工作。该综合年报制度对我国科技统计的指标、口径进行了规范，同年首次取得了符合国际标准、能够进行国际比较的 R&D 统计数据。

在统计年报制度建立初期，我国 R&D 统计一直按上述条块分割的分工安排进行。但随着改革开放的不断深入，科技创新在经济发展中的地位不断增强，一些新兴行业 R&D 活动不断增加，既有的以三大活动主体为统计范围已难以反映全社会科技活动的状况。1995 年以后，国家统计局将统计范围进行了扩展，调查范围扩展到国有小型工业企业、建筑业、运输仓储邮电业、农林牧渔业、地质水利业、医疗卫生业和国家高技术园区企业等，在扩展的行业中建立起 5 年一个周期的滚动调查制度，并对历史数据进行了调整，基本可以满足全社会科技统计核算工作的需要。

五 2000 年以后：R&D 统计发展完善阶段

2000 年，国家统计局发布了"科技投入统计规程"，对科技统计的口径、标准进行了规范。同年，由科技部、国家统计局牵头组织了首次"全社会 R&D 资源清查"工作。此次资源清查由财政部、国家计委、国家经贸委、教育部、国防科工委共同参加，清查范围覆盖了国民经济当中有 R&D 活动的单位。此次清查获得了我国"九五"期末 R&D 资源的数据，为国家制定"十五"计划提供了重要参考。同时，此次清查发布的统计规程具有较强的指导意义，所得到的相关科技指标与国际标准规范具有较强的可比性。

第二节　我国现行科技统计制度分析

一　我国科技综合统计报表制度简介

我国现行的科技统计制度是《科技综合统计报表制度》，能够反映全国科技活动（包括 R&D 活动）的规模、结构等状况，为国家进行相关决策提供数据支撑。该报表制度为年度报表，由国家统计局、科技部、教育部、国防科工局等部门按分工对所负责的行业分别进行调查统计，由国家统计局进行汇总整理。

按分工情况，国家统计局既是科技统计的主管部门，又是科技统计工作的具体实施部门。国家统计局在管理和协调各部门的科技统计工作的同时，负责对全社会科技统计数据的汇总，同时也负责对企业部门科技活动情况进行调查。科学技术部主要负责地级及以上独立核算的政府属科学研究与技术开发机构及科技信息与文献机构、其他科学研究和技术服务业企事业单位的科技活动情况调查。全日制普通高等学校及附属医院的科技活动由教育部负责调查。国家国防科技工业局负责国防科技工业系统的科学研究与技术开发机构及科技信息与文献机构的科技活动情况调查。国家知识产权局根据部门行政记录整理专利情况数据。同时，各省、自治区、直辖市统计局负责搜集同级科技厅（科委）、教育厅（教委）等有关部门的科技活动统计资料，并负责综合汇总本地区的科技活动情况。

科技综合统计报表制度建立之后，在实施过程中不断进行修改完善。本节以下部分内容以 2014 年应用的科技统计年报制度为例来介绍我国的科技综合统计报表制度。

二　企业科技统计年报制度

按照各部门分工情况，由国家统计局负责组织实施企业部门科技统计情况，具体包括工业企业、建筑企业、交通运输仓储及邮电通信企业、农业及地质水利企事业单位、医疗卫生机构、软件开发等行业的企事业单位。针对行业的具体情况，统计部门与有关行业主管部门制定了相应行业的统计年报制度，如规模以上工业企业科技活动统计年报制度、软件业科技活动统计年报制度、大中型工业企业科技活动统计年报制度、高技术产业综合统计报表制度，等等。这些行业统计报表的表式及主要内容基本相同。本节以工业企业科技活动统计年报制度为例来介绍企业部门科技统计年报制度。

实际统计工作中，工业企业需要填报两个统计报表："工业企业科技项目情况表"和"工业企业科技活动及相关情况表"。

（一）工业企业科技项目情况

"工业企业科技项目情况表"的统计内容为年度内企业开展的科技活动项目具体情况，包括项目的来源、合作形式、成果形式、技术经济目标、起止时间、参加项目人员情况以及项目经费支出等。

1. 项目来源

企业项目来源划分为六类（见表4－1）。

表4－1　　　　　　　　　　科技项目来源分类

代码	科技项目来源分类名称	说　明
1	国家科技项目	包括各类国家科技计划项目（如国家自然科学基金项目、国家"863"计划项目、国家攻关计划项目、国家火炬计划项目、国家星火计划项目、国家攀登计划项目、国家社会科学基金项目等）以及由中央政府部门下达的各类科技项目
2	地方科技项目	包括各类地方科技计划项目以及由地方政府部门下达的各类科技项目
3	其他企业委托科技项目	
4	本企业自选科技项目	
5	来自境外的科技项目	
6	其他科技项目	

2. 项目合作形式

企业项目合作类型可分为七类（见表4－2）。

表4－2　　　　　　　　　　科技项目合作类型分类

代码	科技项目合作类型
1	与境外机构合作
2	与境内高校合作
3	与境内独立研究院所合作

续表

代码	科技项目合作类型
4	与境内注册的外商独资企业合作
5	与境内注册的其他企业合作
6	独立研究
7	其他

3. 科技项目成果形式分类

科技项目成果可分成十类（见表4-3）。

表4-3　　　　　　　　　科技项目成果形式分类

代码	科技项目成果形式名称
1	论文或专著
2	自主研制的产品原型或样机、样件、样品、配方、新装置
3	自主开发的新技术或新工艺、新工法
4	发明专利
5	实用新型专利
6	外观设计专利
7	带有技术、工艺参数的图纸、技术标准、操作规范
8	基础软件
9	应用软件
10	其他

4. 科技项目技术经济目标分类

科技项目技术经济目标可分为九类（见表4-4）。

5. 跨年科技项目所处进展阶段分类

跨年科技项目所处进展阶段分成四类（见表4-5）。

表 4 – 4　　　　　　　　　科技项目技术经济目标分类

代码	技术经济目标名称	说　明
1	科学原理的探索、发现	
2	技术原理的研究	
3	开发全新产品	
4	增加产品功能或提高性能	指采用新技术原理、新设计构思研制生
5	提高劳动生产率	产的全新产品
6	减少能源消耗或提高能源使用效率	
7	节约原材料	
8	减少环境污染	
9	其他	

表 4 – 5　　　　　　　　　跨年科技项目所处进展阶段分类

代码	跨年科技项目所处进展阶段名称
1	研究阶段
2	小试阶段
3	中试阶段
4	试生产阶段

6. 其他统计内容

"工业企业科技项目情况表"中还对一些其他内容进行了统计，如项目起始日期、完成日期，参加项目人员（人）、项目人员实际工作时间（人月），项目经费内部支出等。

（二）工业企业科技活动及相关情况

"工业企业科技活动及相关情况表"对工业企业年度内开展科技活动及相关情况进行综合统计，主要包括科技活动人员情况、科技活动费用情况、科技项目情况、企业办科技机构情况、科技活动产出及相关情况、其他相关情况六个方面：

1. 科技活动人员情况

在对科技活动人员的统计中，对参加科技项目人员、科技管理和

服务人员、性别、有无高中级技术职称人员、是否为全时人员进行了
分类统计。

2. 科技活动费用情况

科技活动费用情况包括的内容见表4-6。

表4-6 科技活动经费的统计内容

序号	统计内容	说明
1	企业内部用于科技活动的经费支出	包括人员人工费（包含各种补贴）、原材料费、折旧费用与长期费用摊销、无形资产摊销、其他费用
2	委托外单位开展科技活动的经费支出	包括对境内研究机构支出、对境内高等学校支出、对境外支出
3	当年形成用于科技活动的固定资产	对其中仪器和设备情况进行了单独统计
4	使用来自政府部门的科技活动资金	

3. 科技项目情况

科技项目情况包括对全部科技项目数和全部科技项目经费内部支
出的统计。

4. 企业办科技机构情况

企业办科技机构情况包括以下四个方面：

（1）机构数。

（2）机构人员合计，包括对其中博士毕业、硕士毕业、本科毕业
人员的统计。

（3）机构经费支出。

（4）仪器和设备原价，对其中进口的进行统计。

5. 科技活动产出及相关情况

科技活动产出及相关情况包括三个方面的内容（见表4-7）。

6. 其他相关情况

其他相关情况包括三个方面的内容（见表4-8）。

表 4 - 7   科技活动产出及相关情况

序号	统计内容	说明
1	自主知识产权情况	包括对专利申请数（其中发明专利的）、有效发明专利数（其中境外授权的）、专利所有权转让及许可数、专利所有权转让及许可收入的统计
2	新产品生产及销售情况	包括对新产品产值和新产品销售收入（其中进口的）的统计
3	其他情况	包括对发表科技论文、拥有注册商标（其中境外注册的）、形成国家或行业标准的统计

表 4 - 8   科技活动的其他相关情况

序号	统计内容	说明
1	政府相关政策落实情况	包括对研究开发费用加计扣除减免税和高新技术企业减免税的统计
2	技术获取和技术改造情况	包括对引进国外技术经费支出、引进技术的消化吸收经费、购买国内技术经费支出、技术改造经费支出的统计
3	企业在境外设立的科技活动机构	

三 科研机构科技统计年报制度

根据分工情况，科学技术部负责各级各部门（县及县以上）所属国有独立核算的科学研究与技术开发机构（以下简称科研机构）、科技情报与文献机构、综合技术服务机构的科技活动调查。

具体填报情况是县以上独立科研机构和转制科研机构填报"科学研究与技术开发机构调查表"；独立科技信息和文献机构填报"科学技术信息和文献机构调查表"；县各部门所属独立的科研机构填报"县属研究与开发机构调查表"；其他各类科学研究、技术服务和地质勘查业企事业单位填报"研究与试验发展（R&D）活动调查表"。这些统计年报的具体表式略有差异，但都涵盖了科技活动的人员、经费、项目（课题）、成果等主要方面。在这些科研机构中，从事 R&D 活动最多、最活跃、比重最大的是县以上科研机构，因此，以下主要介绍"科学研究与技术开发机构调查表"（以下简称"科研机构调查表"）。

"科研机构调查表"共有正表 11 张，附表 5 张。其中，5 张附表则分别反映对外科技服务活动、机构重点发展学科情况、人员流动情况、院所分类改革情况、科技课题基本情况等。机构的科技活动情况主要反映在正表中，因此本书主要介绍 11 张正表的主要内容。与企业和高等学校调查表相比，科研机构调查表设计较复杂，涉及调查项目较多，但可以归纳为科技活动和 R&D 的人员情况、经费情况、项目（课题）情况、科技成果情况等主要方面。

（一）科技人力资源情况

"科研机构调查表"的"人员概况表"用于填报科研机构的科技活动人员情况。"R&D 人员表"用于填报科研机构的 R&D 活动人员情况。

1. 科技活动人员情况

对科技活动人员从人员类别上分成四类进行调查（见表 4 - 9）。

表 4 - 9　　　　　　　　　　科技人员类别

序号	人员类别	说明
1	从业人员（包括招聘人员）	从事科技活动人员 从事生产、经营活动人员 其他人员
2	外聘流动学者	外聘短期或长期的访问学者 编制在其他单位的研究人员
3	招收的非本单位在读研究生	
4	离退休人员	

科技活动人员还可按学历和资历分成四类（见表 4 - 10）。

2. R&D 人员情况

"科研机构调查表"的"R&D 人员表"用于填报科研机构的 R&D 活动人员情况。对 R&D 人员情况的统计从 R&D 人员数量和 R&D 人员全时工作当量两个方面进行（见表 4 - 11）。

表 4 – 10   科技人员的学历和资历类别

序号	学历类别	资历类别
1	博士毕业	高级职称
2	硕士毕业	中级职称
3	本科毕业	初级职称
4	大专毕业	

表 4 – 11   R&D 人员统计指标及分类

序号	统计指标	分类
1	R&D 人员数量	性别分类
2		学历分类
3	R&D 人员全时工作当量	研究人员
4		技术人员
5		其他辅助人员

需要指出的是，在对 R&D 人员进行核算时，考虑了没有参加课题的管理和服务人员的折算。具体核算方法是，在从事科技活动人员中先按人数统计 R&D 全时人员和非全时人员（工作量不到 0.1 年不计算在内），然后计算全时人员与非全时人员全时工作当量，得到 R&D 人员全时工作当量。对科技管理和服务人员按 R&D 课题人员折合全时工作当量占科技活动人员总数的比例分摊，即得到为 R&D 课题提供管理和直接服务人员的全时工作当量。这种折算，保证了 R&D 人员核算口径与国际标准的一致性。

（二）科技活动经费情况

"科研机构调查表"的"经常费收入表""经常费支出表"用于填报活动经费情况。此外，科技机构调查报表中还专门设有"基本建设与固定资产表"和"科学仪器设备表"。

1. 经常费收入情况

"经常费收入表"用于统计年度内机构用于科技活动的经常费（不含基本建设投资）收入情况。收入来源渠道包括各项收入来源及借贷款，具体构成情况见表 4 – 12。

表 4 – 12　　　　　　　　　　经常费收入来源

序号	收入来源	类别	说明
1	科技活动收入	政府资金	财政拨款 承担政府科研项目收入 其他
		非政府资金	技术性收入 国外资金
2	生产经营活动收入		
3	其他收入		包括医院的医疗活动、工程设计活动、教学培训等活动收入
4	用于科技活动的借贷款		

2. 经常费支出情况

"经常费支出表"用于统计年度内机构用于科技活动的经常费（不含基本建设投资）支出情况。支出总额包括内部支出总额和外部支出总额见表 4 – 13。

表 4 – 13　　　　　　　　　　经常费支出分类

序号	支出项目	分类标准	类别	说明
1	内部支部总额（不含基建投资支出）	支出的经济性质和具体用途分类	工资福利支出	
			对个人和家庭补助	
			商品和服务支出及其他	
		按支出的活动性质分类	科技活动支出	含人员劳务费、设备购置费、其他或日常支出
			生产、经营活动支出	
			其他支出	含医疗、工程设计、教学培训等活动支出
2	外部支出总额			用于统计科技活动经费外部支出

3. 基本建设、固定资产及仪器设备情况

（1）基本建设与固定资产情况。"基本建设与固定资产表"用于统计年度内科研机构的基本建设情况和固定资产情况（见表4-14）。

表4-14　　　　　　　　　基本建设与固定资产情况

序号	统计内容	类别	子类别或统计分类标准
1	基本建设情况	基本建设投资实际完成额	科研仪器设备实际完成额
			科研土建工程实际完成额
			生产经营土建与设备实际完成额
			生活土建与设备实际完成额
		科研基建支出	政府资金
			企业资金
			事业单位自筹资金
			其他资金
2	固定资产情况	年末固定资产原价	科研房屋建筑物费用支出
			科学仪器设备费用

（2）仪器设备情况。"科学仪器设备表"从科学仪器设备数量和科学仪器设备原值两方面来统计科技活动的科学仪器设备情况，主要统计这两方面的当年量、增量以及当年报废量。按照设备单台原值划分的五个区间分别进行统计，这五个区间的划分见表4-15。

表4-15　　　　　　　　　基本建设与固定资产情况

序号	类别
1	单台原值 < 50 万元
2	50 万元 ≤ 单台原值 < 200 万元
3	200 万元 ≤ 单台原值 < 500 万元
4	500 万元 ≤ 单台原值 < 800 万元
5	单台原值 ≥ 800 万元

4. R&D 经费情况

"科研机构调查表"中的"R&D 经费表"用于统计机构 R&D 活动经费的内部支出和外部支出情况。

（1）R&D 经费内部支出。R&D 经费内部支出的核算包括 R&D 经常费支出和 R&D 基本建设费支出的核算（见表 4 - 16）。

表 4 - 16　　　　　　　　R&D 经费内部支出

序号	类别	分类标准	统计内容
1	R&D 经常费	按费用类别分类	人员费用（含工资）
			设备购置费
			其他
		按经费来源分类	政府资金
			企业资金
			事业单位资金
			国外资金
			其他
		按活动类型分类	基础研究
			应用研究
			试验发展
2	R&D 基本建设费	按费用类别分类	仪器设备费
			土建费
		按经费来源分类	政府资金
			企业资金
			事业单位资金
			国外资金
			其他资金

特别值得注意的是，表 4 - 16 得到的 R&D 经费内部支出数据包含年度内用于 R&D 活动的基本建设支出（包括仪器设备费和土建费），这与 OECD 推荐的标准一致。

（2）R&D 经费外部支出。对 R&D 经费外部支出的统计包括对国内科研机构支出、对国内高等学校支出、对国内企业支出以及对境外机构支出的统计（见表4-17）。

表4-17 R&D经费外部支出

序号	统计分类
1	对国内科研机构支出
2	对国内高等学校支出
3	对国内企业支出
4	对境外机构支出

（三）科技项目及R&D项目情况

"科研机构调查表"的"科技课题综合情况"用于统计机构承担的科技活动的科技课题情况。该表将科技活动分为了五个类型，并针对课题统计若干指标（见表4-18）。

表4-18 科技项目活动分类及统计内容

序号	类别	序号	统计指标内容
1	基础研究	1	课题数
2	应用研究	2	经费内部支出
3	试验发展	3	本单位课题人员全时工作当量
4	R&D成果应用	4	外聘的流动学者
5	科技服务	5	在读研究生

"科研机构调查表"的"R&D课题来源表"用于统计R&D活动课题情况。该表将课题来源分为了六个类型：国家科技项目、地方科技项目、企业委托科技项目、自选科技项目、国际合作科技项目以及其他科技项目。在这六个类型的基础上分别统计若干指标的情况，具体见表4-19。

表 4 – 19 **R&D 项目的课题来源分类及统计内容**

序号	课题来源分类	序号	统计指标内容
1	国家科技项目	1	课题数
2	地方科技项目	2	经费内部支出
3	企业委托科技项目	3	本单位课题人员全时工作当量
4	自选科技项目	4	外聘的流动学者
5	国际合作科技项目	5	在读研究生
6	其他科技项目		

（四）科技产出情况

对于科研机构来讲，科技成果的形式一般会包括论文、专著、专利等。"科研机构调查表"的"科技产出表"用于统计年度内机构的科技成果。主要从三方面进行统计（见表 4 – 20）。

表 4 – 20 **科技产出情况统计**

序号	统计内容	类别
1	科技论文与科技著作	本年发表科技论文数量 本年出版科技著作数量
2	专利	本年专利申请受理数 本年专利授权数 拥有有效发明专利总数 本年专利所有权转让及许可数 本年专利所有权转让及许可收入
3	其他产出	本年形成国家或行业标准数 本年集成电路布图设计登记数 本年植物新品种授予数 本年软件著作权数 本年新药证书数

四 高等学校科技统计年报制度

根据分工情况，教育部负责高等学校部门科技统计工作。鉴于高等学校科技活动涉及较多学科，所开展的科技活动较复杂，因此高校科技统计工作按学科对理工农医类和人文社科类学科分别进行统计。

（一）理工农医类高等学校科技统计年报制度

理工农医类学科填报的报表统称为"全国普通高等学校科技统计年报表（理、工、农、医类）"，共包括 10 个表格，填报范围为设有理、工、农、医教学专业的全日制普通高等学校（包括大学、学院、高等专科学校和高等职业技术学院）及附属医院。报表主要掌握科技人力资源情况、经费情况、活动机构情况、项目（课题）情况、交流情况等方面的内容。

1. 科技人力资源情况

理工农医类"科技人力资源情况表"从多个角度对科技人力资源进行分类统计，所采用的分类标准见表 4 - 21。

表 4 - 21   科技人力资源情况统计

序号	分类标准	类别
1	基本信息	姓名、性别、出生年月
2	最后学历	博士研究生 硕士研究生 大学本科 大学专科 中专 高中及以下
3	技术职务	科学院院士 工程院院士 正高级 副高级 中级 初级 其他 辅助人员

序号	分类标准	类别
4	按职务类别分类	教师技术职务系列人员 其他技术职务系列人员
5	所属学科	所属学科按一级学科目录分类，没有原学科的代码为999

2. 科技经费情况

理工农医类"科技经费情况表"从上年结转经费、当年拨入经费、当年支出经费、当年结余经费四个方面对有关经费的情况进行统计，另外还有附加项的统计。其中，R&D 经费是包含在拨入和支出当中进行统计的，科研基建费是以附表形式进行统计的（见表4-22）。

表 4-22 拨入科技经费情况统计

序号	拨入统计指标	支出统计指标
1	当年拨入经费合计	当年经费支出合计
2	其中：R&D 经费拨入合计	其中：R&D 经费支出合计
3	科研事业费	转拨给外单位经费
4	其中：科研人员工资1	其中：对国内研究机构
5	科研人员工资2	对国内高等学校
6	主管部门专项费	对国内企业
7	其中：平台建设经费	对境外机构
8	人才队伍建设经费	内部支出经费合计
9	其他学科建设经费	人员劳务费
10	国家发改委及科技部专项费	业务费
11	国家自然科学基金项目费	固定资产购置费
12	国务院其他部门专项费	其中：仪器设备费
13	省、市、自治区专项费	上缴税金
14	企事业单位委托经费	管理费
15	其中：进入学校财务	其他支出

续表

序号	拨入统计指标	支出统计指标
16	当年学校科技经费	
17	其中：为国家科技计划项目配套	
18	金融机构贷款	
19	国外资金	
20	其他资金	

3. 科技项目情况表

理工农医类"科技项目情况表"用于统计年度内科研项目和课题情况，包括以下几个方面：项目名称、项目批准时间（合同签订）、项目当年拨入经费、项目当年支出经费、项目当年投入人员、参与项目的研究生人数、学科分类、活动类型、项目来源、组织形式、合作形式、服务的国民经济行业、项目的社会经济目标等。

4. 科技成果情况

对科技成果的统计主要体现在四张表当中，即"技术转让与知识产权情况表""科技成果情况表""出版科技专著情况表"以及"科技成果奖励表"（见表4－23）。

表4－23　　　　　　　　　科技成果情况统计

序号	科技成果统计表	统计指标
1	技术转让与知识产权情况表	技术转让 知识产权
2	科技成果情况表	发表学术论文情况 国家级项目验收情况 鉴定成果情况的统计
3	出版科技专著情况表	著作名称、作者、总字数、著作类别、出版单位、出版地、书号、出版日期、学科分类等
4	科技成果奖励表	获奖项目名称、获奖单位排序、奖励类别、获奖等级、学科分类等

5. 其他情况

理工农医类统计表还有一些调查表用于统计高等学校的一些其他情况（见表 4 – 24）。

表 4 – 24　　　　　　　　　其他情况统计

序号	统计表	统计指标
1	科技活动机构情况表	机构情况、机构类别、学科分类情况、组成形式分类、从业人员情况、科技活动人员情况、培养的研究生人数、当年经费内部支出情况、承担的项目数、固定资产原值及服务的国民经济行业情况
2	科技交流情况表	出席国际学术会议及合作研究情况，包括进行合作研究、参加国内外学术交流、举办学术会议等学术交流情况
3	科技期刊调查表	刊名、国内刊号、创刊时间、出版周期、开本、期刊类型、页码、语种、定价、印数、发行量、年载文量、学科分类、主管部门、邮发代码在内的各种详细信息

（二）人文社科类高等学校科技统计年报制度

全国普通高等学校科技（人文、社科类）统计报表由以下几部分组成：

1. 人力资源情况

（1）科学活动人员情况。"人文、社会科学活动人员情况表"用于统计人文、社会科学活动人员情况。该表分别按学科和年龄划分（见表 4 – 25 至表 4 – 27）。

表 4 – 25　　　　　　　　　学科分类

序号	学科	序号	学科	序号	学科
1	管理学	4	逻辑学	7	中国文学
2	马克思主义	5	宗教学	8	外国文学
3	哲学	6	语言学	9	艺术学

续表

序号	学科	序号	学科	序号	学科
10	历史学	15	社会学	20	统计学
11	考古学	16	民族学	21	心理学
12	经济学	17	新闻学与传播学	22	体育学
13	政治学	18	图书、情报、文献学		
14	法学	19	教育学		

表 4 – 26　　　　　　　　年龄分组

序号	年龄分组
1	29 岁及以下
2	30—34 岁
3	35—39 岁
4	40—44 岁
5	45—49 岁
6	50—54 岁
7	55—59 岁
8	60 岁及以上

表 4 – 27　　　　　　　职称、学历、学位分组

序号	职称	最后学历	最后学位
1	教授	研究生	博士
2	副教授	本科	硕士
3	讲师	其他	
4	助教		
5	初级		

（2）R&D 人员情况表。"人文、社会科学 R&D 人员情况表"用于统计 R&D 人员情况。表中对上述 22 个学科的全时人数和非全时人数以及非全时折合全时人数进行了统计，再对这些人员分别按职称和学位学历进行交叉统计。

2. R&D 经费情况

"人文、社会科学 R&D 经费情况表"对人文社科类学科 R&D 经费情况从当年经费收入和当年 R&D 经费支出两方面进行统计。

表 4－28　　　　　　　　　　R&D 经费情况统计

序号	R&D 经费收入指标	R&D 经费支出指标
1	当年经费收入合计	当年 R&D 经费支出合计
2	政府资金投入	转拨给外单位经费
3	科研活动经费	其中：对国内研究机构支出
4	其中：教育部科研项目经费	对国内高等学校支出
5	教育部其他科研经费	对国内企业支出
6	中央其他部门科研项目经费	对境外机构支出
7	省市自治区社科基金项目	R&D 经费内部支出合计
8	省教育厅科研项目经费	其中：基础研究支出
9	省教育厅其他科研经费	应用研究支出
10	其他各类地方政府经费	试验发展支出
11	科研人员工资	其中：政府资金
12	科研基建费	企业资金
13	非政府资金投入	国外资金
14	企事业单位委托项目经费	其他
15	金融机构贷款	科研人员费
16	自筹经费	业务费
17	国外资金	科研基建
18	其他收入	仪器设备费
19	其中：中国港澳台地区合作项目经费	其中：单价在 1 万元以上的设备费
20		图书资料费
21		管理费
22		其他支出

3. R&D 项目情况

对 R&D 项目的统计有两个表，即"人文、社会科学 R&D 课题情况表 1"和"人文、社会科学 R&D 课题情况表 2"（见表 4 – 29 和表 4 – 30）。

表 4 – 29　　　　　　　人文、社会科学 R&D 课题情况表 1

序号	分类标准	统计内容
1	22 个学科 × R&D 活动类型	课题数
		当年投入人数
		研究生
		当年拨入经费
		当年支出经费

表 4 – 30　　　　　　　人文、社会科学 R&D 课题情况表 2

序号	分类标准	统计内容
1	15 个课题来源	课题数
		当年投入人力（人·年）
		当年拨入经费（百元）
		当年支出经费（百元）
		当年新开课题数（项）
		当年新开课题批准经费（百元）
		当年完成课题数（项）

4. 科技产出情况

"人文、社会科学研究成果情况表 1""人文、社会科学研究成果情况表 2""人文、社会科学研究成果获奖情况一览表"和"人文、社会科学研究专利情况表"用于统计科技产出情况见表 4 – 31。

表 4 – 31　　　　　　　　　　科技产出情况统计

名称	分类标准	统计内容
人文、社会科学研究成果情况表 1	22 个学科	出版著作（部） 发表论文（篇） 获奖成果数（项） 研究与咨询报告等
人文、社会科学研究成果情况表 2	课题来源	出版著作（部） 发表论文（篇） 获奖成果数（项） 研究与咨询报告等
人文、社会科学研究成果获奖情况一览表		成果形式、主要作者、 课题来源、奖励名称、 奖励等级
人文、社会科学研究专利情况表		专利申请数（件） 有效发明专利数（件） 专利所有权转让及许可数（件） 专利所有权转让及许可收入（千元） 专利授权数（件） 集成电路布图设计登记数（件） 植物新品种权授予数（项） 形成国家及行业标准数（项）

5. 其他情况

调查表对人文、社科类学科统计的其他情况见表 4 – 32。

表 4 – 32　　　　　　　　　　其他情况统计

名称	分类标准	统计内容
研究机构情况表		成立时间、批准部门、组成方式、机构类型、学科分类、服务的国民经济行业、组成类型、R&D 人员、R&D 经费支出、仪器设备原价、对进口进行调查

续表

名称	分类标准	统计内容
学术交流情况表	国际学术交流 国内学术交流 与港澳台地区交流	校办学术会议、学术论坛、受聘讲学、 社科考察、进修学习、合作研究

第三节 我国现行科技统计制度存在的主要问题

经过上述对我国科技统计制度的分析，结合 OECD 及国外发达国家如美国的科技统计情况，可以分析出我国的科技统计存在以下几方面主要问题：

一 统计主题不明确，科技统计与 R&D 统计混杂

无论是《弗拉斯卡蒂手册》推荐的标准，还是 OECD 对各国的调查问卷，抑或是发达国家如美国的相关调查，均以 R&D 统计作为科技统计的核心。其问卷设计也主要是围绕着 R&D 统计来设计。据此调查，能够得到符合国际规范标准的可比数据。

就目前我国三大主体的科技统计调查情况看，主要以大口径的科技统计为主。对反映科技活动的指标设计较多，也较全面，但反映 R&D 活动的指标较少，且不具体。这一点在企业和高等学校科技统计中比较突出，反映 R&D 活动的指标较少，且分散到科技统计当中。这样导致的结果是，难以得到符合国际标准、具有广泛可比性的 R&D 统计数据。

二 相关分类标准与国际标准差距较大

以 R&D 经费统计为例，《弗拉斯卡蒂手册》中采用的分类标准大体上有支出性质（日常支出和资本支出）、资金来源（主要是针对经费支出数据的资金来源）、外部经费的流向（含其他主体、国外机构及其分支机构）、区域分布等，在此基础上，会形成各类支出的交叉

分类统计。

我国各个部门的科技统计在对 R&D 经费支出方面的分类不够细致，更缺乏相关的交叉分类。[①] 在上述 R&D 经费的分类中，区域经费支出根据区域汇总较容易得到，日常支出基本可以得到，但其他分类的数据几乎难以得到。

三　对经费支出统计不够突出

许多研究项目的研究期限较长，往往跨越多个调查时间段，因此某个期限内的拨款数据往往在一个调查期限内难以支出完毕。从国际标准与经验看，科技统计的重点实际上应当是调查期限内的支出数据而非投入或拨款数据，这样才能够反映一定时期内科技活动的真实投入情况。

我国的科技统计在指标设计方面基本上是资金筹集与支出统计并重的状态，这实际上意味着对支出统计重视不够。许多分类不够细致，导致虽然能够从整体上得到经费支出信息，但难以从分类细节上去深入把握。

四　对企业科技活动统计需要加强

2012 年，我国各类企业 R&D 经费支出为 7842.2 亿元，占全国 R&D 经费支出的 76% 以上，毋庸置疑地成为我国最主要的科技活动主体。然而，现行企业科技统计还较薄弱，仅有两张表反映企业科技活动状况，这与美国的《企业 R&D 与创新调查》差距较大。

美国针对企业的调查表共分为 6 个部分，仅需要填写的正式表格部分就有 42 页，若加上相关的说明及指标解释，有 100 页之多。涉及对企业 R&D 活动的方方面面，可以从各个角度反映企业科技活动状况，为科技决策提供有效支撑。因此，我国的企业科技统计需要大力加强。

五　缺乏对政府资金的支出统计

政府资金在科技活动中并不是最主要的，但却可以反映政府政策的取向，起到对社会资金的引导作用。因此，《弗拉斯卡蒂手册》当

---

① 人文社科类统计表的交叉分类还稍多些。

中专门有一章讨论依据社会经济目标分类统计的政府 R&D 拨款或决算数据。在美国的科技统计中，也专门有针对政府各个部门科技经费的调查项目——美国联邦 R&D 资金调查（The Survey of Federal Funds for Research and Development）。

我国的科技统计中，从政府出资者角度进行科技统计以反映政府政策取向的调查几乎处于空白状态。虽然各个主体的调查表当中均有针对政府资金来源的调查，但这是基于项目执行者的调查，所填报的内容或目标分类均是从执行者角度出发的，其执行目标活动目的与出资者可能存在一定偏差，因此所统计上来的政府资金并不能完全反映政府的政策目标或取向。

六 对资本支出项目统计薄弱

资本支出项目包括土地与建筑物、仪器与设备、计算机软件等，这些资本性支出在科技活动中也占有较大比重，甚至某些 R&D 项目的主要支出项目就是资本支出。因此，对资本支出项目的统计是科技统计当中不可或缺的一部分。《弗拉斯卡蒂手册》对此有专门的说明，美国则有专门针对科学和工程领域的设施调查。

我国的科技统计当中对资本支出项目的统计较薄弱，企业部分有科技口径的固定资产支出（含仪器和设备）统计；理工农医类高校和人文社科类高校对科研基建及仪器设备有统计，但较粗略；科研机构对基建及仪器设备的统计虽然相对详细些，但也缺乏深入详细的分类统计。总体上看，我国在资本支出项目的统计方面还需要进一步加强。

七 指标设计不合理，部分指标缺乏可操作性

在具体统计表的设计上，许多指标存在不足。一方面，体现在统计指标设计不全面，难以反映相关信息的全貌；另一方面，现有一些统计指标在准确性或合理性方面存在缺陷，导致填报受到影响。如理工农医类高校的"科研事业费"，以及下设的"科研人员工资1"和"科研人员工资2"指标；人文社科类高校的"科研人员费"等，填报人员难以准确理解其含义，难以保证填报的准确性。

第五章　R&D 资本化对我国国民经济核算体系的影响

我国国民经济核算体系由基本核算表、国民经济账户和附属表三个部分构成。R&D 资本化涉及的主要是基本核算表中的国内生产总值表、投入产出表、资金流量表和资产负债表以及国民经济账户中的生产账户、资本账户和资产负债账户。本章首先结合 SNA 体系的演变过程，考察了 R&D 在 SNA 体系中的资本化过程，分析 R&D 资本化对我国国民经济核算体系中涉及相关的基本核算表和国民经济账户的影响，最后测算了 R&D 资本化后我国 GDP 指标的变化。

第一节　R&D 在 SNA 体系中的资本化过程

国民经济核算体系形成于 20 世纪 30 年代经济大萧条之后，人们强烈感受到系统完整的国民收入与支出资料的重要性。1947 年，理查德·斯通撰写了研究报告《国民收入估算与社会账户编制》；1950 年和 1952 年，OECD 先后发布了《一个简化的国民经济账户体系》和《标准国民经济账户体系》两份报告，提出了以账户形式建立国民经济核算体系的基本构想；1953 年，联合国正式发布了由理查德·斯通主持完成的《国民经济账户体系和辅助表》，标志着 SNA 基本核算框架的初步形成。此后，国民经济核算体系经过多次修订和完善，先后形成了四个主要版本：SNA1953、SNA1968、SNA1993 和 SNA2008。

由于在认识方面的局限性，SNA 的前两个版本中并没有对 R&D 活动予以特别关注。第二次世界大战以后，全球范围内的技术进步明显加快，人们对 R&D 活动的认识也在不断扩展和深化。为了更好地测度 R&D 活动，OECD 于 1963 年首次出版了《弗拉斯卡蒂手册》作为 R&D 统计的标准及调查规范，并在成员国中进行系统的 R&D 活动调查，对于 R&D 活动的测度逐步走向制度化、规范化起到了极大的推动作用。后来，联合国等国际组织也关注到了这种变化，在后续对 SNA 体系的修订过程中，均对 R&D 活动的资本特性予以了关注。

一　SNA1993 对 R&D 活动的处理

（一）SNA1993 中的 R&D 活动

在 SNA1993 中，对 R&D 活动的资本特征已经有了比较深入的认识。SNA1993 指出："企业在诸如职员培训或研究和开发等活动上的支出，不是一种由现期进行的生产水平来决定消耗的中间投入　而是为了在将来提高生产率，扩大生产能力而支出的，这与在机器、设备、房屋和其他建筑物上的支出非常相像。"[1] "从事研究和开发的目的在于提高效率或生产率，或在将来获得其他效益，所以它们自然是一种投资型活动，而不是消费型活动"。[2] 显然，SNA1993 中已经认为 R&D 活动是一种投资型活动，并且认为它与职员培训、市场研究或环境保护等其他活动非常类似。但是，与一般的物质资本投资活动不同，正如 SNA1993 指出的："为了将这些活动划为投资型活动，就必须有把它们与别的活动区分开来的明确标准，就必须能对这些活动生产的资产货物进行识别和分类，就必须能对这些资产的价值做出有经济意义的估价，还必须知道它们的折旧率。"[3] 在实践中，上述要求很难全部满足，因此按 SNA 体系中关于非市场产出的一般原则，研究和开发活动的支出按照中间投入处理，即可能带来未来效益。

显然，SNA1993 中已经认识到 R&D 活动的资本特性，但由于核算上的困难，仍然将 R&D 活动视为中间投入进行处理。但是，对于 R&D 活动的产出——专利，SNA1993 将其作为非金融无形非生产资

---

① 联合国等：《国民经济核算体系（1993）》，中国统计出版社 1995 年版，第 10 页。

② 同上书，第 147 页。

③ 同上。

产，在资产的其他变动账户中列示。① 可见，SNA1993 识别那些由 R&D 活动创造的资产，但否认它们与 R&D 生产活动之间的联系，这也是 SNA1993 在对 R&D 核算方面的一个悖论。

（二）SNA1993 的修订当中涉及的 R&D 内容

20 世纪 90 年代以后，知识经济迅速发展，新的经济形势不断涌现，经济环境的变动使人们意识到需要对 SNA1993 进行修订以适应经济形势的需要。1999 年 3 月，联合国统计委员会第 30 届大会上通过了一个渐进式修订计划；但在修订过程中，人们越来越感到对 SNA 的修订应该更充分和更全面，以确保整个体系的完整性和一致性。于是在 2003 年 3 月召开的第 34 届大会上，联合国统计委员会通过了国际国民核算工作组提交的关于使用更全面的方法对国民经济核算体系进行修订的建议，并制定了详细的修订工作计划。

此次修订计划确定了 45 个核心议题，其中研发作为第 9 个议题纳入修订计划。按照修订计划，此议题于 2005 年 7 月形成修订建议，建议内容包括以下七个方面②：

（1）应当修订 SNA1993，将 R&D 产出视为资产，其获得、处置及 R&D 固定资产折旧应与其他固定资产同等对待。

（2）所有 R&D 产出均应被视为资产，不考虑其属性或是否免费获得。在后一种情况下，该资产应当记入最初拥有者的平衡表中，视为提供了免费服务直到完全损耗。

（3）关于资产的定义应重新考虑，以确保充分覆盖了非市场生产者的资产。

（4）《弗拉斯卡蒂手册》中给出的 R&D 定义应当被国民经济核算体系采纳。

（5）《弗拉斯卡蒂手册》提供了有关固定资本形成总额（GFCF）的 R&D 统计最好数据，但还存在一些缺陷。因此，该手册应当进行

---

① 联合国等:《国民经济核算体系（1993）》，中国统计出版社 1995 年版，第 286 页。

② Charles Aspden, *Extending The Asset Boundary to Include Research and Development*, http://unstats. un. org/unsd/sna1993/description. asp? ID = 9.

修订以更好地支持国民经济核算的需要。

（6）大多数 R&D 产出要经历多个生产周期，SNA 关于其他资产生产的建议应当被采纳。大多数 R&D 产品是自己支出费用，建议当成本发生时记录为固定资本形成总额（GFCF）。

（7）在 SNA 体系中，专利权不再视为资产。经过此次修订之后，《弗拉斯卡蒂手册》会出版新的版本并适时发布。

二　SNA2008 对 R&D 活动的核算

2008 年联合国等国际组织公布了修订后的 SNA2008。与 SNA1993 相比，SNA2008 在对 R&D 的处理上有了较大变化，主要体现在以下几个方面：

（一）在 R&D 的概念上，采纳了 OECD 关于 R&D 的定义

如前所述，SNA2008 对 R&D 的概念进行了明确，以 OECD 的《弗拉斯卡蒂手册》为基础，对 R&D 进行了定义，提供了良好的核算基础。SNA2008 指出："研究和开发是一项有计划有步骤进行的创造性活动，其目的在于增加知识存量，并利用这些知识存量来发现或开发新产品——包括改进现有产品的版本和质量，或是发现和开发新的或更有效的生产工艺。"[1] 同时，在提及 R&D 的开支范围时又指出："研究与（试验性）开发支出是指：为了增加知识储备（包括有关人类、文化和社会的知识）并利用这种知识储备开发新的应用，系统性地从事创造性工作而支出的价值。"[2] 与《弗拉斯卡蒂手册》对比可以看出，尽管二者对 R&D 的描述有所差别，但都认可 R&D 活动是一项创造性活动，且其目的是增加知识存量并利用这些知识存量开发新的产品或应用，二者在本质上是一致的。

二者概念上的一致性和协调性，为核算 R&D 资本提供了较好的合作框架。当前，世界上大多数国家均以《弗拉斯卡蒂手册》为 R&D 统计的规范和指南，因此可以为 SNA 体系当中的 R&D 核算提供良好的数据基础。

---

① 联合国等：《2008 国民账户体系》，中国统计出版社 2012 年版，第 134 页。
② 同上书，第 237 页。

（二）明确了 R&D 资本化的条件

尽管 SNA2008 将 R&D 活动视为投资型活动，但在具体的核算方法方面，并不是所有的 R&D 都可以视为资本形成。SNA2008 指出："研究和开发通常被视为资本形成，除非这项活动明确地不会给其所有者带来任何经济利益，在这种情况下它被作为中间消耗处理。"①

可见，SNA2008 认可的资本化的 R&D 活动，应当是能够为其所有者带来经济利益，那些纯粹为了增加知识总量而不能带来任何经济收益的 R&D 活动，其支出并不被视为资本性支出，应当作为中间消耗进行处理。这实际上是一种有条件的资本化。一项 R&D 活动是否能够明确带来经济利益，在 R&D 活动开始之前或进行之中，往往是不确定的，一些 R&D 活动还可能会由于种种原因失败或中止，因此，如何确定一个既定 R&D 活动的资本特性，需要结合具体实践进一步细化。

（三）指出了 R&D 资本核算的原则

在 SNA1993 当中，R&D 资本的定价困难是导致未能将其资本化的原因之一。SNA2008 指出："研究和开发（R&D）的价值应该按照它未来预期可提供的经济利益来决定。政府获得 R&D 成果用来提供公共服务的情形也包括在内。原则上，不向其所有者提供经济利益的 R&D 不形成固定资产，而应视作中间消耗。"② 这就是说，原则上 R&D 资本的价值应当依据 R&D 能够带来的未来经济利益折现后进行确定，但 R&D 活动能够带来多大的经济收益，对其进行估算也存在较大的困难；同时相应的价格指数和 R&D 产品的使用寿命的确定也需要进一步确定。这些都存在很大的不确定性。

因此，这也导致了对 R&D 产品进行估价的两个思路：一是若能得到 R&D 产品的市场价值，则可以按其未来收益进行折现得到其价值；二是直接以 R&D 支出为 R&D 资本进行定价。对于那些不能对 R&D 产品进行估价或难以得到其市场价值的产品，SNA2008 指出，

---

① 联合国等：《2008 国民账户体系》，中国统计出版社 2012 年版，第 137 页。
② 同上书，第 237 页。

"除非能够直接测算 R&D 的市场价值，否则，按照惯例，只能以其费用之和对 R&D 进行估价，其中包括未成功 R&D 的费用"。[①] "市场生产者为自身利益从事的研究和开发，原则上应按其如被商业转包所应支付的基本价格进行估价，但实际操作中很可能不得不以生产总成本（包括生产中使用的固定资产成本）来估价"。[②] 这种做法增加了可操作性，但存在 R&D 活动效率上的损失，即没有将 R&D 活动的投入产出效率考虑在内。

（四）对相关资产分类进行了调整

R&D 视为资产后，也引起一些相关资产账户的分类发生了变化，最突出的地方是在固定资产中专门设置了知识产权产品类别来核算相关知识产品形成的资产（见图 5 - 1 和图 5 - 2）。

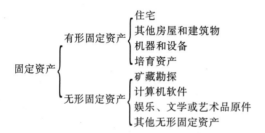

图 5 - 1　SNA1993 关于固定资产的分类

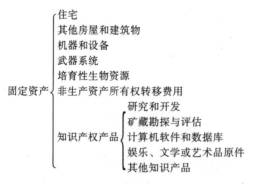

图 5 - 2　SNA2008 关于固定资产的分类

---

① 联合国等：《2008 国民账户体系》，中国统计出版社 2012 年版，第 237 页。

② 同上书，第 134 页。

与 SNA1993 相比，SNA2008 在固定资产类下淡化了有形固定资产与无形固定资产的分类，增加了知识产权产品分类。R&D 则与矿藏勘探与评估，计算机软件和数据库、娱乐、文学或艺术品原件及其他知识产品作为知识产权产品的构成部分。同时，SNA1993 无形非生产资产中的专利性实体，在 SNA2008 中已经取消。专利性实体一般是通过 R&D 活动取得的产出，SNA2008 中已经将全部 R&D 支出作为资本形成，"由于 R&D 费用包含在资本形成中，所以专利实体不再构成 SNA 的资产"。[①]

三 R&D 资本化对我国 SNA 体系的影响机制分析

R&D 资本化主要表现在原来属于中间消耗的 R&D 支出转变为资本，这会对我国国民经济核算体系中的资产负债结构、相关经济账户及 GDP 等主要宏观经济指标产生影响。

（一） 对资产规模与结构的影响

资本化的 R&D 支出，由原来的中间消耗转变为资本，记入知识产权产品，会对原有的资产规模与结构产生影响。从实物构成上看，国民经济总产出包括被其他生产过程消耗的中间产品，以及被最终用于消费、积累和出口的产品。R&D 支出由中间消耗记为知识产权产品，导致对中间产品的消耗减少，用于积累的产品增加，会直接增加资产规模。

就我国 R&D 活动主体的具体情况看，我国的 R&D 活动主体主要由研究机构、高等学校、企业三部分组成。其中，研究机构和高等学校的 R&D 活动绝大部分又集中于政府公立研究机构和高等学校，二者在 SNA 体系当中均归属于政府部门。因此，从 SNA 体系角度看，R&D 资本化主要会导致政府部门及企业部门的资产规模发生变化。

从我国 R&D 支出的统计分类角度看，R&D 支出由日常支出和资本性支出构成，其中日常支出由劳务费和其他日常支出构成，资本性支出由机器设备、土地及建筑物等支出构成。从核算的实际情况看，资本性支出已经记入了固定资本形成，因此 R&D 资本化后，主要影

---

① 联合国等：《2008 国民账户体系》，中国统计出版社 2012 年版，第 237 页。

响的是用于日常支出的 R&D 支出部分，这部分支出由中间消耗记为知识产权产品中的研究和开发资本。

（二）对 GDP 等宏观经济指标的影响

R&D 资本化后，会导致以 GDP 为核心的若干宏观经济指标发生变化。GDP 有三种计算方法：生产法、收入法和支出法。从生产法角度看，GDP 为总产出与中间投入之差；另外，从实物构成上看，GDP 与用于消费、积累和出口的最终产品相对应。R&D 资本化后，R&D 支出由原来的属于中间投入转化为资本积累，会直接增大 GDP。从收入法角度看，GDP 由劳动者报酬、生产税净额、固定资本消耗和营业盈余四部分构成。R&D 资本化后转化成固定资产，会计提固定资产折旧（固定资本消耗），因此会导致 GDP 增大。从支出法角度看，GDP 由最终消费、资本形成和净出口构成。R&D 支出由中间消耗转变成知识产权产品，会增大资本形成数额，从而增大 GDP。

除 GDP 指标外，R&D 资本化也会导致以 GDP 为基础的其他指标发生相应变化。如 GDP 增长率、人均 GDP 会有不同程度的提高；R&D 投入强度（R&D 支出与 GDP 之比）、最终消费率会下降，资本形成率会提高等。

第二节　R&D 资本化对基本核算表的影响

R&D 资本化后，原本全部计入中间消耗部分的 R&D 支出根据活动性质发生改变，部分 R&D 支出被视为资本，这对基本核算表中的国内生产总值表、投入产出表、资金流量表以及资产负债表造成影响。

一　R&D 资本化对国内生产总值表的影响

就国内生产总值表来看，R&D 资本化后对总表结构没有影响，而是直接导致了生产法、收入法和支出法计算的 GDP 总额及构成项目数额发生了变化。

从生产法角度看，GDP 为总产出与中间消耗之差，R&D 资本化导致中间投入减少，从而导致 GDP 增大。从收入法角度看，GDP 由劳动者报酬、生产税净额、固定资本消耗和营业盈余四部分构成。R&D 资本化后转化成固定资产，会计提固定资产折旧（固定资本消耗），因此会导致 GDP 增大。从支出法角度看，GDP 由最终消费、资本形成和净出口构成。R&D 支出由中间消耗转变成知识产权产品，会增大资本形成数额，从而增大 GDP。上述各项变化的具体情况见表 5 - 1。

表 5 - 1　　　　　　　　　　　　国内生产总值

生产	R&D 资本化的影响	使用	R&D 资本化的影响
一、生产法国内生产总值	增大	一、支出法国内生产总值	增大
（一）总产出		（一）最终消费	
（二）中间投入（-）	减小	居民消费	
二、收入法国内生产总值	增大	农村居民消费	
（一）劳动者报酬		城镇居民消费	
（二）生产税净额	不确定	政府消费	
生产税		（二）资本形成总额	增大
生产补贴（-）		固定资本形成总额	增大
（三）固定资产折旧	增大	存货增加	
（四）营业盈余		（三）净出口	
		出口	
		进口（-）	
		二、统计误差	

二　R&D 资本化对投入产出表的影响

投入产出表以矩阵形式，详细、清晰地描述国民经济各种产品的来源（投入）与使用去向，并将生产法、收入法、支出法国内生产总值结合在一张表上，也可以进一步细化国内生产总值核算。投入产出表中的部门分类可以分为产品部门和产业部门，我国公布的是产品部门×产品部门表，它最符合投入产出建模所必需的同质性假定。

表 5 - 2 是产品部门×产品部门的投入产出表。从投入产出表的

角度看，R&D 资本化的影响比较复杂，其中，第二象限主要用于核算支出法 GDP，第三象限主要用于核算收入法 GDP，而第一、第三象限的结合可以用于核算生产法 GDP。R&D 资本化后，对第二、第三象限的影响与前面的分析类似，对第一象限的影响较复杂。

表 5 – 2　　　　　投入产出表（产品部门 × 产品部门）

投入产出		中间使用			最终使用										进口	总出口
					最终消费					资本形成总额				最终使用合计		
		产品部门1	…	产品部门n	中间使用合计	居民消费			政府消费	合计	固定资本形成总额	存货增加	合计			
						农村居民消费	城镇居民消费	小计								
中间投入	产品部门1 ⋮ 产品部门n	第Ⅰ象限（R&D 资本化后，中间使用减少）				第Ⅱ象限（R&D 资本化后，固定资本形成总额增加）										
	中间投入合计															
增加值	劳动者报酬 生产税净额 固定资产折旧 营业盈余 增加值合计	第Ⅲ象限（R&D 资本化后，固定资产折旧增加）														
	总投入															

从横向上看，在 SNA1993 下，横行上的部门 i(i = 1，2，…，n) 的产品被用于纵列上部门 j(j = 1，2，…，n) 的 R&D 活动，应记为中间使用；在 SNA2008 下，该部门产品记为固定资本形成，因此导致中间使用减少、固定资本形成总额增加，对应的增加值会增加。

从纵向上看，在 SNA1993 下，部门 j 的 R&D 活动来自部门 i 的产品投入记为中间投入；在 SNA2008 下，这些中间投入转化为固定资本形成，通过计提折旧形式进入到增加值当中。

三　R&D 资本化对资金流量表的影响

资金流量核算主要以收入分配和资金运动为核算对象，它可以分为实物交易核算和金融交易核算。其中，R&D 资本化影响的主要是实物交易的资金流量表，其基本结构如表 5 - 3 所示。前面已经分析，就我国的实际情况看，R&D 活动主要存在于非金融企业部门和政府部门当中，因此仅对非金融企业部门和政府部门进行分析。其他部门可能存在少量 R&D 活动，但对整体影响不大。

从表 5 - 3 中可以看出，R&D 资本化后，非金融企业部门和政府部门的固定资本形成总额会增加，从而导致资本形成总额增加，进而使得增加值增加。

表 5 - 3　　　　　　　　　资金流量表（实物交易）

机构部门＼交易项目	非金融企业部门		金融机构部门		政府部门		住户部门		国内合计		国外部门		合计	
	使用	来源	使用	来源	使用	来源	使用	来源	使用	来源	使用	来源	使用	来源
一、净出口														
二、增加值	增加				增加									
三、劳动者报酬														
四、生产税净额														
五、财产收入														
六、初次分配总收入														
七、经常转移														
八、可支配总收入														
九、最终消费														
十、总储蓄														
十一、资本转移														
十二、资本形成总额	增加				增加									
（一）固定资本形成总额	增加				增加									
（二）存货增加														
十三、其他非金融资产获得减处置														
十四、净金融投资														
十五、统计误差														

四 R&D 资本化对资产负债表的影响

资产负债核算以经济资产存量为核算对象，是对一国经济总体所拥有资产和负债的核算。同其他固定资产一样，R&D 资本形成之后，会在多个核算期发挥作用，其价值也是逐期被消耗，因此会对资产负债表产生影响。本处仍主要以非金融企业部门和政府部门为例来说明（见表 5-4）。

表 5-4　　　　　　　　　　　资产负债表

机构部门 \ 交易项目	非金融企业部门		金融机构部门		政府部门		住户部门		国内合计		国外部门		合计	
	使用	来源	使用	来源	使用	来源	使用	来源	使用	来源	使用	来源	使用	来源
一、非金融资产		增加				增加				增加				
（一）固定资产		增加				增加				增加				
其中：在建工程														
（二）存货														
其中：产成品和商品库存														
（三）其他非金融资产														
其中：无形资产														
二、金融资产与负债														
（一）国内金融资产与负债														
（二）国外金融资产与负债														
（三）储备资产														
三、资产负债差额（资产净值）														
四、资产、负债与差额总计														

可以看出，涉及 R&D 活动部分是非金融资产中的固定资产部分，R&D 资本化会使相应部门固定资产增加，进而导致非金融资产增加。

第三节　R&D 资本化对国民经济账户的影响

国民经济账户通过账户的形式对国民经济运行过程和结果进行描述。根据国民经济运行的不同环节，账户体系包括生产账户、收入分配及支出账户、资本账户、金融账户、资产负债账户和国外部门账户。其中，R&D 资本化主要会对生产账户、资本账户以及资产负债账户造成影响。

一　R&D 资本化对生产账户的影响

生产账户是国民经济综合账户体系中的第一个账户，反映了生产活动的产出和各项投入情况。其来源方记录各机构部门或经济总体的总产出，使用方记录生产过程中的中间消耗，二者的差额即为增加值（见表 5-5），作为二者的平衡项出现，它由劳动者报酬、生产税净额、固定资产折旧、营业盈余四部分组成。

表 5-5　　　　　　　　　　　生产账户

使用	R&D 资本化的影响	来　源	R&D 资本化的影响
1. 增加值	增加	总产出	增加
（1）劳动者报酬			
（2）生产税净额			
（3）固定资产折旧	增加		
（4）营业盈余			
2. 中间消耗	减少		
合计		合计	

R&D 资本化对生产账户的结构没有影响，总产出不变。最大的影响是对在生产账户的填制上。生产账户的使用方在填制五部门的中间消耗数据时将发生变化。R&D 资本化以后，其支出根据性质不同已经不再全部当作中间消耗处理，而是根据是否会带来预期的经济效益

来划分：对于明确不会带来预期收益的 R&D 活动，其在本期的支出将计入中间消耗部分；对于明确能够带来预期收益的 R&D 活动，其在本期的支出将形成积累，计入生产账户的总产出中。

二　R&D 资本化对资本账户的影响

资本账户是四个积累账户之一，它以储蓄为起点，记录了资本转移及各种非金融投资，包括生产资产的投资（即资本形成）以及土地等非生产资产投资。资本账户的一边记录资产变化，包括资本形成总额、其他非金融资产获得减处置和资金余缺；另一边记录资产积累的资金来源，包括总储蓄（收入使用账户结转来的平衡项）和资本转移收入净额（见表 5 – 6）。

表 5 – 6　　　　　　　　　　　　　　资本账户

使用	R&D 资本化的影响	来源	R&D 资本化的影响
1. 资本形成总额	增加 （内部结构变化）	1. 总储蓄	
2. 其他非金融资产获得减处置		2. 资本转移收入净额	
3. 资金余缺			
合计		合计	

R&D 资本化后，会直接影响资本账户的核算。首先，账户结构变化。如果账户项目进一步细化，资本形成总额项目下的固定资本形成总额交易项会发生变化，其下会增加知识产权产品的研发资本，这一交易项是 SNA1993 中所没有的，该交易项主要记录各部门在 R&D 活动中的固定资本形成总额。其次，在资本账户右侧记录负债和净值变化时，涉及货物和服务的固定资本形成总额的核算，也要将 R&D 活动导致的资本形成总额变化核算在内。

三　R&D 资本化对资产负债账户的影响

资产负债账户是一系列账户的最终登录账户，是生产账户、收入分配和使用账户、积累账户中登录的最终结果。资产负债表将存量与流量结合起来，经济运行以期初存量为起点，通过时期内流量累计汇总为期末时的存量。表 5 - 7 是资产负债账户情况。

表 5 - 7　　　　　　　　　　资产负债账户

使用	R&D 资本化的影响	来源	R&D 资本化的影响
1. 非金融资产	增加	1. 国内金融负债	
（1）固定资产	增加	2. 国外金融负债	
（2）存货		3. 资产负债差额	
（3）其他非金融资产			
2. 金融资产			
（1）国内金融资产			
（2）国外金融资产			
3. 储备资产			
合计		合计	

如表 5 - 7 所示，R&D 资本化后，涉及非金融资产中固定资产的变化，一般表现为固定资产的增加。增加的数额需要进行估算，其中根据合同实施的 R&D 支出以合同价格进行估价；如果是自行开展的研发，无法确定其未来收益，则按照累积成本进行估价。

第四节　R&D 资本化对我国 GDP 指标的影响分析

R&D 资本化后，会对若干宏观经济指标特别是对 GDP 产生影响，一般倾向于增大 GDP 数额。GDP 有三种测算方法：生产法、收入法、支出法。受资料限制，本节主要分析 R&D 资本化后对生产法 GDP 测算的影响。生产法定义的国内生产总值是所有常住单位增加值之和，为总产出价值减去中间消耗价值之差。R&D 资本化后，会减少中间消耗的数额，增大总产出数额，进而增加 GDP 数额。

一　不同类型 R&D 活动的区分

前文已指出，SNA2008 将 R&D 活动视为投资型活动，只是有条件的资本化，即如果 R&D 活动明确地不会带来任何经济利益，仍然不能将其视为资本形成，而要作为中间消耗进行处理。因此，对于 R&D 活动需要明确区别其是否能够带来经济利益，以此作为 R&D 资本化的前提条件。但在现实当中，针对每一项 R&D 活动考察其是否能带来经济利益也是难以实现的，因此在测算 R&D 资本时不得不进行一些变通处理。

R&D 活动分为基础研究、应用研究、试验发展三种类型。根据前文的分析，基础研究的主要目的是为了获取现象或事实的基本原理和新知识，不存在任何特定的应用或使用目的；应用研究在获得新知识的同时，具备一定的实际目的或目标；试验发展则直接以市场化研究为目的，以期获得在新产品、新工艺或新系统和服务方面的经济利益。可以认为，基础研究因为并没有特定的应用或使用目的，因此一般不会给所有者带来直接经济收益；而应用研究和试验发展则具备一定的应用和使用上的目的性，可以为所有者带来经济收益。

因此，本书在测算可资本化的 R&D 活动时，认为用于基础研究的 R&D 支出不能为活动主体带来经济收益，故将其视为中间消耗；将用于应用研究和试验发展的 R&D 支出视为资本形成。这样，R&D 资本化调整后的 GDP 测算公式为：

$$调整后的 GDP = （总产出 + 资本化的 R\&D 支出）-（中间消耗 - 资本化的 R\&D 支出）$$
$$= （总产出 - 中间消耗）+ 2 \times 资本化的 R\&D 支出$$
$$= 原 GDP + 2 \times 资本化的 R\&D 支出$$

二　R&D 资本化对 GDP 影响的测算

我国自 1995 年才开始提供按活动类型分类的 R&D 支出数据，因此将测算的起始年份定为 1995 年。经过 R&D 资本化调整后的生产法 GDP 数值见表 5 - 8。

表 5 - 8　1995—2013 年 R&D 资本化调整后的生产法 GDP　单位：亿元、%

年份	R&D 总支出	基础研究	应用研究	试验发展	资本化的 R&D 支出	原 GDP	调整后 GDP	GDP 变动率
1995	348.69	18.06	92.02	238.60	330.62	61129.80	59139.34	1.08
1996	404.48	20.24	99.12	285.12	384.24	71572.30	68653.08	1.07
1997	509.16	27.44	132.46	349.26	481.72	79429.50	75735.84	1.21
1998	551.12	28.95	124.62	397.54	522.16	84883.70	85446.60	1.23
1999	678.91	33.90	151.55	493.46	645.01	90187.70	90967.07	1.43
2000	895.66	46.73	151.90	697.03	848.93	99776.30	100912.41	1.70
2001	1042.49	55.60	184.85	802.03	986.88	110270.40	111628.93	1.79
2002	1287.64	73.77	246.68	967.20	1213.88	121002.00	122760.45	2.01
2003	1539.63	87.65	311.45	1140.52	1451.97	136564.60	138726.70	2.13
2004	1966.33	117.18	400.49	1448.67	1849.16	160714.40	163576.66	2.30
2005	2449.97	131.21	433.54	1885.24	2318.77	185895.80	189574.91	2.49
2006	3003.10	155.76	488.97	2358.37	2847.34	217656.60	222009.11	2.62
2007	3710.24	174.52	492.94	3042.78	3535.72	268019.40	272881.75	2.64
2008	4616.02	220.82	575.16	3820.04	4395.20	316751.70	322835.83	2.78
2009	5802.11	270.29	730.79	4801.03	5531.82	345629.20	351966.45	3.20
2000	7062.58	324.49	893.79	5844.30	6738.09	408903.00	414988.98	3.30
2011	8687.00	411.81	1028.40	7246.80	8275.20	484123.50	489654.45	3.42
2012	10298.41	498.81	1161.97	8637.63	9799.60	534123.00	539069.30	3.67
2013	11846.60	555.00	1269.10	10022.50	11291.60	588018.80	591428.40	3.84

注：本表价格为当年价格。

　　从表 5 - 8 可以看出，将 R&D 支出资本化后，各年度 GDP 数额均有不同程度的提升，且提升率呈逐年上升趋势，提升幅度由 1995 年的 1.08% 上升到 2013 年的 3.84%，这源于我国 R&D 支出特别是应用研究和试验发展支出的快速增长。从数据上看，资本化的 R&D 支出由 1995 年的 330.62 亿元增长到 2013 年的 11291.60 亿元，增长了 33.15 倍（未消除价格因素）；而同期 GDP 则仅增长了 8.62 倍（未消除价格因素），远远慢于 R&D 支出增长幅度，因此 GDP 提升幅度越来越大。

世界各国文献研究也支持了 GDP 增大的结论。在澳大利亚，将 R&D 支出资本化导致 GDP 现价总量增加 1.25%—1.5%。在美国，将研发支出资本化导致 2002—2007 年现价 GDP 总量平均增加 2.6%。在荷兰，将研发支出资本化导致 GDP 现价总量增加 1.38%—1.78%。

第六章 我国 R&D 资本存量的测算

　　R&D 资本化后自然就涉及相应的资本存量测算问题。关于资本存量测算使用较广泛的方法是永续盘存法，该方法涉及若干参数的确定问题。本章在对永续盘存法进行讨论的基础上，分析了 R&D 资本存量测算中存在的困难，最后从不同层面对我国 R&D 资本存量进行了测算。

第一节　R&D 资本存量的测算方法

一　测算资本存量的一般方法——永续盘存法

　　目前，关于资本存量的测算应用较广泛的是永续盘存法，该方法由戈德史密斯于 1951 年提出，又经过克里斯滕森、柯明斯、乔根森等的扩展与完善后，得到了广泛应用。

　　采用永续盘存法来测算资本存量的基本思想是：首先，对过去不同时期购置的资产通过某种方法进行调整或折算成意义一致的资产，进而进行加总得到资本存量总额；其次，通过设定一个折旧函数来计算资本消耗；最后，通过资本存量总额减去资本消耗来得到资本存量净额。

　　在任一时点上都存在不同役龄的资本品，不同役龄资本品的效率存在差异。设役龄为 τ 的资本品的效率为 d_τ，对于新资本品而言 $\tau = 0$，此时有 $d_0 = 1$。一般而言，随着役龄的增长，资本品的效率在下降；并且任何资本品最终都会退役或报废从而退出生产过程，效率下降为 0。若生命周期设为 τ，则有：

$$d_0 = 1, \quad d_\tau - d_{\tau-1} \leqslant 0, \quad \tau = 1, 2, \cdots, T-1 \tag{6.1}$$

$$d_\tau = 0, \quad \tau = T, \quad T+1, \quad \cdots \tag{6.2}$$

某一时刻的资本存量总额为过去不同时期投资的资本品以效率为权数的加权和，即：

$$K_t = \sum_{\tau=0}^{\infty} d_\tau I_{t-\tau} \tag{6.3}$$

式中，$I_{t-\tau}$ 为 τ 年前以不变价表示的投资数。随着资本品的使用，其效率在逐年下降，用 m_τ 表示役龄为 τ 的资本品效率损失的比例，也称其为死亡率：

$$m_\tau = d_{\tau-1} - d_\tau = -(d_\tau - d_{\tau-1}) \tag{6.4}$$

要保持投资品的效率，需要进行重置，设役龄为 τ 的资本品的重置率为 δ_τ，它可以递归地表示为：

$$\delta_\tau = m_1 \delta_{\tau-1} + m_2 \delta_{\tau-2} + \cdots + m_\tau \delta_0 \tag{6.5}$$

由式（6.3）有：

$$K_t - K_{t-1} = I_t - R_t \tag{6.6}$$

$$R_t = \sum_{\tau=1}^{\infty} m_\tau I_{t-\tau} \tag{6.7}$$

式中，R_t 即为 t 时期需要重置的资本存量，它也可以表示为：

$$R_t = \sum_{\tau=1}^{\infty} \delta_\tau (K_{t-\tau} - K_{t-\tau-1}) \tag{6.8}$$

乔根森（Jorgenson）通过引入资本品租赁市场的假设，对偶地建立起了租赁价格模型。在完全竞争均衡市场下，资本品的购置价格等于它未来所有的期望租赁收入折现后的加权和，权数与资本存量估算中的权数一致：

$$q_t = \sum_{\tau=0}^{\infty} d_\tau \prod_{s=1}^{\tau+1} \frac{1}{(1+r_s)} p_{t+\tau+1} \tag{6.9}$$

式中，q_t 为 t 期的资本购置价格，p_t 为 t 期的新资本品租赁价格，$\prod_{s=1}^{\tau+1} \frac{1}{(1+r_s)}$ 为 $\tau+1$ 年的折现因子。对式（6.9）差分，有：

$$q_t - (1+r)q_{t-1} = -p_t - \sum_{\tau=1}^{\tau} (d_\tau - d_{\tau-1}) \prod_{s=1}^{\tau} \frac{1}{(1+r_s)} p_{t+\tau} = -p_t + p_{D,t}$$

$$(6.10)$$

式中，$p_{D,t}$ 表示折旧。对应地，折旧也可以表示为：

$$p_{D,t} = \sum_{\tau=1}^{\infty} m_\tau \prod_{s=1}^{\tau} \frac{1}{(1+r_s)} p_{t+\tau} = \sum_{\tau=1}^{\infty} \delta_\tau (q_{t+\tau} - q_{t+\tau-1}) \qquad (6.11)$$

式（6.11）中，δ_t 表示的是折旧率，与资本存量模型中的重置率在经济意义上是不同的。但若假定相对效率呈几何递减式，则有：

$$d_\tau = (1-\delta)^\tau \qquad (6.12)$$

式中，$(1-\delta)$ 为递减比率，给定名义收益率可以证明：

$$p_{D,t} = \delta q_t \qquad (6.13)$$

$$R_t = \delta K_t \qquad (6.14)$$

即折旧率和重置率是相等的，资本存量可以表示为：

$$K_t = (1-\delta) K_{t-1} + I_t \qquad (6.15)$$

Hulten 和 Wykoff（1981）利用旧资本品价格函数，对美国的资本品效率递减和退役模式进行了经验研究，支持了相对效率呈几何递减模式的假设。因此，如果能确定出经济折旧率，也就可以确定出重置率，进而采用式（6.15）测算出资本存量。

在实证研究文献中，一般直接利用式（6.15）对资本存量进行测算。该式涉及四个基本参数：投资流量、初始资本存量、折旧率以及用于将投资流量调整为可比价格的价格指数；对于这四个参数的选取与确定的不同，构成了资本存量测算结果产生争论的主要原因。

二　R&D 资本存量测算的困难

在采用式（6.15）对 R&D 资本存量进行测算时，需要对方法中涉及的若干参数进行选取与确定。对于一般物质资本，虽然我国在测算资本存量方面的数据资料仍不完备，但某些方面的统计资料及相关信息比较详细，仍然可以在现有数据资料的基础上采用一定的方法和假定进行推算。这也是对于我国物质资本存量的测算研究文献较多的原因之一。但 R&D 资本的特点及我国统计资料方面的限制，使 R&D 资本存量的测算存在较多的困难。

（一）R&D 资本定价

对资本存量进行测算，首先要知道资本品的价格。物质资本的形式一般是有形的且相对固定，如机器设备、建筑物等，其价值较易确定；且物质资本的交易一般在成熟的交易市场进行，有完善的价格形成机制，能够较准确、公平地确定交易物的价格。

R&D 活动的产出是新的知识，知识是无形的，其载体包括论文、著作、专利、原理性模型或样机等。这些载体本身也是有价值的，但载体的价值往往并不能反映其所代表的知识的价值，因此通过载体不能准确确定知识的价值。并且，在 R&D 资本的交易中缺乏相应的交易市场，R&D 资本形成后，其价值没有相应的参照标准，难以准确定价。对于一般的物质资本存量，还可以采用未来收益的折现值为其定价，但对于 R&D 资本而言，由于缺乏相应的数据资料，未来的收益及折现率均不易确定，难以采用此种方法确定其价值。

因此，正如第五章所说明的，在 SNA 体系中采用投入成本来测定 R&D 活动的产出，即一般采用 R&D 活动的投入流量作为 R&D 资本价值的度量，这也符合 SNA 体系中对非市场产出核算的一般原则。虽然这为 R&D 资本品的价值提供了一种测算方法，但不可否认的是，这与 R&D 资本品的实际价值或市场价值（如果有）之间存在一定的差距，影响到 R&D 资本品定价的准确性，不可避免地对存量测算产生影响。

（二）初始 R&D 资本存量的确定

在测算资本存量时，如果涉及投资序列的时间足够长，而研究时期距离初始年份较远，则早期初始存量的确定对近期资本存量的计算影响较小；反之则影响较大。虽然合理的方法能够在一定程度上降低误差，但并不能完全消除这种影响。因此，在测算资本存量时，尽可能地获取较长时间内的 R&D 投资序列，以相对准确地确定 R&D 初始存量。

就我国而言，开展 R&D 统计的时间较短，全国层面连续的 R&D 统计数据始于 1991 年，1991 年之前仅 1987 年有 R&D 统计数据；区域层面和行业层面 R&D 统计数据分别始于 1998 年和 2003 年。这对本书的研究构成了一定的障碍：一方面，对研究涉及但缺失的 R&D 投资流量数据，不得不采用一定的方法进行推算；另一方面，由于时期较短，初始 R&D 资本存量的确定对各年资本存量的测算影响较大。

（三）价格指数确定

为了测算不变价格的资本存量，价格指数必不可少。对于物质资本的价格指数，各国或地区的统计部门通常具有较完善的统计资料，有些指数分类还较细致，一般能够满足物质资本存量测算的需要。但对于 R&D 资本来讲，各国或地区统计部门普遍缺乏相应的价格指数。这就使得在测算不变价格 R&D 资本存量时，不得不用其他指数代替或借助其他价格指数进行构造。

我国在《中国科技统计年鉴 2013》中，公布了 1995—2012 年全国层面可比价格 R&D 经费指数，这为测算全国层面 R&D 资本存量提供了一个重要参数。但目前关于 R&D 投入的价格指数还仅限于全国层面，分类型、分执行部门及各地区、各行业层面价格指数数据仍然缺乏；另外，该指数涵盖的时期较短，1995 年之前的价格指数仍需要采用一定的方法进行构造。

（四）折旧率的确定

在测算资本存量时，折旧率是非常重要的参数，对资本存量的测算影响较大。折旧率的大小取决于折旧模式的设定。对于一般物质资产，现有研究在理论上和方法上均较成熟，折旧方法有直线折旧、年度加总折旧和几何折旧等方法；在企业的会计核算中，一般会有官方指定的折旧方法。

R&D 资产的折旧方式相对复杂，难以直接采用与物质资产相同的折旧方式。一方面，知识的老化程度没有一个固定的模式，难以提供一个合理的折旧方法；另一方面，现代社会知识更新换代较快，新知识新成果一经出现，原有知识即会因过时而老化。因此，对于 R&D 折旧率的选择并没有一个统一的标准。一些研究人员曾提出多个折旧率的测算方法，但都存在一定的约束条件和适用范围。[1] 因此，折旧

---

① 关于 R&D 资产折旧方法有四种，详细讨论参见 Charles Ian Mead, "R&D Depreciation Rates in the 2007 R&D Satellite Account", Bureau of Economic Analysis/National Science Foundation 2007 R&D Satellite Account Background Paper, http://www.bea.gov/national/rd.htm。

率的设定也是影响 R&D 资本存量测算的一个重要方面。

（五）R&D 资本的滞后期

无论是一般物质资本还是 R&D 资本，形成生产能力之前，均需跨越两个阶段：第一阶段为资本投入到资本形成阶段；第二阶段为资本形成后到生产能力形成阶段。在第一阶段，物质资本和 R&D 资本投入至资本形成均有一定的期限，但往往一些物质资本投入在部分资本形成后即可投入生产，形成部分生产能力；而 R&D 资本投入一般需要完全形成后才能进入下一个阶段。在第二阶段，物质资本形成后一般可立即投入到生产过程中，形成现实的生产能力，不存在滞后期的问题；R&D 资本形成后，其成果形式往往是论文、著作、专利技术、产品原型或样机等，这些往往难以直接投入到生产过程中，还需要进行一定的成果转化或适应性改进，视 R&D 成果的情况有些转化过程还需要较长的时间。因此，与一般物质资本相比，R&D 资本投入直到形成生产能力之间往往存在较长的滞后期。

R&D 资本的滞后期是测算 R&D 资本存量时必须要考虑的问题，但是如何确定 R&D 资本的滞后期也是一个非常困难的问题。现实中，由于理论上的不足及相关资料的缺乏，往往难以确定 R&D 资本的滞后期限，因此不得不采用一定的方法进行设定。

（六）R&D 统计数据基础

对于我国而言，测算 R&D 资本存量还面临着 R&D 统计数据的问题，本书第四章即对我国 R&D 统计存在的问题进行了分析。由于统计基础薄弱、理论方法滞后、统计体系限制等方面的原因，我国 R&D 统计数据在数据量、涵盖范围、详细程度等方面存在一定的缺陷，难以完全满足准确测算存量的需要，会影响 R&D 资本存量测算的质量。

三 本书 R&D 资本存量的测算方法

本书对 R&D 资本存量的测算也采用永续盘存法。借鉴格里利切斯和迈雷斯（1984）、Goto 和 Suzuki（1989）、纳迪利（1979）、吴延兵（2006）、吕忠伟（2007）、王俊（2009）等的研究，本书将 R&D 资本存量表示为：

$$RZ_t = (1 - \delta)RZ_{t-1} + \sum_{i=1}^{n} \mu_i RI_{t-i} \qquad (6.16)$$

式中，RZ_t 为第 t 年 R&D 资本存量；RI_{t-i} 为第 $t-i$ 年 R&D 支出流量，为经过价格指数调整后的实际值；n 为 R&D 支出的最大滞后年数；δ 为 R&D 资本的折旧率。鉴于 R&D 活动的周期一般较长，当期 R&D 支出往往要经过若干期后才能得到产出，形成资本存量。因此，式（6.16）没有将当期 R&D 支出作为当期 R&D 资本存量的来源，而是考虑了 R&D 支出的滞后效应，当期 R&D 资本存量由两部分构成：一部分为上期存量扣除折旧后的净额；另一部分为已经超过滞后期、在本期形成存量的前面各期 R&D 支出。在实际中，由于并不清楚 R&D 支出的滞后结构，所以，一般设定平均滞后期限为 θ。即当 $i = \theta$ 时，$u_0 = 1$，当 $i \neq \theta$ 时，$u_\theta = 0$。因此，式（6.16）可简化为：

$$RZ_t = (1 - \delta)RZ_{t-1} + RI_{t-\theta} \qquad (6.17)$$

若假定平均滞后期限为 1，则式（6.17）进一步简化为：

$$RZ_t = (1 - \delta)RZ_{t-1} + RI_{t-1} \qquad (6.18)$$

式（6.18）即为本书计算 R&D 资本存量采用的公式。本书将采用此公式进行 R&D 资本存量的测算，具体各参数的确定与选择在测算时具体说明。

第二节　R&D 资本存量测算相关参数的确定

利用式（6.18）测算 R&D 资本存量，涉及四个基本参数：初始 R&D 资本存量、折旧率、当年的 R&D 支出和 R&D 经费支出的价格指数。本节对这些参数的数据选择问题逐一进行说明。

一　初始 R&D 资本存量

当数据资料的时期较长时，初始存量对后续年份的影响会越来越小。但由于我国开展 R&D 统计的时间较短，全国层面连续的 R&D 经费统计数据是从 1991 年开始公布，分活动类型及执行部门的 R&D 经费数据从 1995 年才开始公布；区域和行业层面的 R&D 经费数据则分别自 1998 年和 2003 年才开始公布。出于研究目的的需要，本书在测算全国层面 R&D 资本存量时，采用一定的方法将 R&D 经费统计数据向前进行了估算，得到了 1980—2012 年全国层面 R&D 经费数据，因此测算全国 R&D 资本存量的初始年份定为 1980 年。分活动类型及执行部门 R&D 资本存量的初始年份定为 1995 年；区域和行业层面的初始年份分别定为 1998 年和 2003 年。由于数据持续期间较短，R&D 初始存量的确定对后续各年存量的计算会产生较大影响。本书借鉴 BEA[①] 的做法，以及纳迪利（1979）、Goto 和 Suzuki（1989）、科和赫尔普曼（1995）使用的方法，假定 R&D 资本存量与 R&D 支出的平均增长率相等，设为 g，则有：

$$\frac{RZ_t - RZ_{t-1}}{RZ_{t-1}} = \frac{RI_t - RI_{t-1}}{RI_{t-1}} = g \qquad (6.19)$$

当 $t = 1$ 时，有：

$$RZ_1 = (1 + g)RZ_0 \qquad (6.20)$$

又由式（6-19）可得：

$$RZ_1 = (1 - \delta)RZ_0 + RI_0 \qquad (6.21)$$

结合式（6.20）和式（6.21）得到：

$$RZ_0 = \frac{RI_0}{g + \delta} \qquad (6.22)$$

式（6.22）即为计算 R&D 初始存量的公式。从式中可以看出，计算 R&D 初始存量需要三个数据：初期 R&D 支出数据、R&D 支出年平均增长率 g 和折旧率 δ。RI_0 可以由统计数据中得到；g 采用样本区间内各年 R&D 实际支出的平均增长率；δ 采用下文将要说明的方法。

二　R&D 支出流量

本书涉及的 R&D 支出数据包括全国层面 R&D 支出、分类型 R&D 支出、分 R&D 活动主体支出、各省区 R&D 支出以及大中型工业企业分行业 R&D 支出数据。前文已指出，《中国科技统计年鉴》对各层面 R&D 支出数据的公布时间区间不同，因此，本书确定的各层面 R&D

---

① BEA 即 Bureau of Economic Analysis（经济分析局），是隶属于美国商务部的一个机构。

支出数据的起始年份也不同。

具体而言，在全国层面，我国连续公布的 R&D 支出数据起始于1991 年，之前只有 1987 年有 R&D 支出统计数据。出于研究的需要，本书将 1988—1990 年的 R&D 支出数据以 1987—1991 年 R&D 支出平均增长率进行推算；1980—1986 年的 R&D 支出数据则采用科技三项费用代替。这样得到了 1980—2012 年 R&D 经费支出的流量数据。

从类型上看，R&D 支出可分为基础研究、应用研究和试验发展三类支出；从执行部门看，R&D 支出可按研究机构、高等学校和企业三个主要 R&D 活动部门进行分类。这两方面 R&D 支出数据均是从1995 年开始公布，本书直接采用《中国科技统计年鉴》中公布的数据，这样得到 1995—2012 年分类型和分执行部门 R&D 经费支出数据。

区域及行业层面 R&D 经费支出数据分别自 1998 年和 2003 年才开始公布，因此，区域及行业层面 R&D 经费支出数据的期间分别为1998—2012 年、2003—2012 年。

三　折旧率设定

在 BEA 测算资本存量的折旧率确定中，对折旧率的决定一般有四种方法：生产函数法、分期摊销模型、专利展期模型、市场估价模型，这些方法均存在一定的假设条件及适用范围，难以直接比较各种方法的优劣。并且，有些方法对数据有特殊要求，限制了方法的使用范围。特别是对于我国而言，数据资料的限制也使我们难以采用这些方法。

在实践中，考虑到条件限制及数据情况，还有许多研究直接假定折旧率为一个固定的常数，但较物质资本要高，暗含着知识的更新换代速度较快。在现有研究中，对折旧率的一般设定为 15%，如格里利切斯和利希滕伯格（1984）、霍尔和迈雷斯（1995）、吕忠伟（2007）、吴延兵（2006）等。考虑到理论上及数据上的问题，本书也将折旧率设定为常数。但与现有研究不同，本书一方面考虑到各个时代之间折旧率差异较大，在 1978—1990 年设定折旧率较低；1991年之后设定折旧率稍高。另一方面，考虑到我国地区之间的差异较大，统一将折旧率设定为一个常数值并非一个较好的选择，因此对不同区域采用不同的折旧率。同时，一般而言基础研究、应用研究、试验发展三种类型的 R&D 活动知识更新快慢程度不同，因此本书对三类活动也设定不同的折旧率。

具体而言，在全国层面，1990 年之前的折旧率取为 12%，1991—2012 年折旧率取为 15%；从类型上看，基础研究、应用研究和试验发展的折旧率分别取为 12%、15% 和 18%；从执行部门看，研究机构和高等学校的折旧率取为 15%，企业部门的折旧率取为 18%；在区域层面，东、中、西部地区的折旧率分别取为 18%、15% 和 12%；在行业层面，各行业折旧率均取为 15%。

四 价格指数

为了计算 R&D 资本存量，还需要知道 R&D 支出的价格指数。BEA 对美国 R&D 资本存量测算时，曾采用四种方法构造价格指数[1]，但需要的统计资料也非常丰富。对于我国而言，受资料的限制，难以直接采用 BEA 的方法，因此，实践中往往通过一定的方法进行构造。

从相关研究文献看，现有研究文献对 R&D 支出价格指数的构造一般是对相关两类价格指数加权平均得到。加权指数的选择与权重设定一般是以 R&D 支出的内容为依据，结合考虑问题的侧重点来选择与设定。一些研究表明，权重的选择对 R&D 价格指数影响不大。[2] 贾菲（1972）、格里利切斯（1980a）、詹森（1987）采用非金融企业的工资价格指数和 GNP 价格指数的加权平均构造 R&D 支出价格指数，二者权重分别为 0.49 和 0.51；Loeb and Lin（1977）采用 R&D 人员工资价格指数和设备投资的 GNP 价格指数进行加权平均，权重分别为 0.55 和 0.45；朱平芳和徐伟民（2003）采用消费物价指数和固定资产投资价格指数的加权；吴延兵（2006）采取原材料购进价格指数与固定资产投资价格指数加权。其他类似学者还有曼斯菲尔德

---

① 王孟欣：《美国 R&D 资本存量测算及对我国的启示》，《统计研究》2011 年第 6 期，第 58—63 页。

② 吴延兵：《R&D、创新与生产率——基于中国工业的实证研究》，博士学位论文，中国社会科学院，2006 年，第 108 页。

（1984）、李小胜（2007）、邓进（2007）等。另外，王俊（2009）没有采用这种通过加权合成的方法构造价格指数，而是采用在估算折旧率的知识生产函数中引入价格变动方程，从而消除物价变动的影响。

笔者在查找我国科技统计数据时发现，《中国科技统计年鉴2013》中的"全国研究与试验发展（R&D）经费支出表"，有1995年以来可比价格计算的各年度 R&D 经费环比指数，经过换算，能够得到1995年为基期的1995—2012年的价格平减指数，但仍缺乏1994年之前的价格指数。笔者以该平减指数作为被解释变量，相应时间段内 GDP 平减指数作为解释变量，做一元线性回归模型发现，方程的判定系数为0.99997，即二者之间存在极强的线性关系。因此，笔者采用1978—2012年 GDP 平减指数作为 R&D 支出的价格指数，以弥补 R&D 经费指数的缺乏。所以本书在测算全国 R&D 资本存量时，采用1978年为基期的 GDP 平减指数作为价格指数；测算分类型及分执行部门 R&D 资本存量时，采用 R&D 经费环比指数中隐含的价格指数；测算区域层面 R&D 资本存量时，由于年鉴中没有相应价格指数可使用，而不同地区的价格差距较大，直接使用全国层面价格指数误差也会较大，所以本书选择使用各地区 GDP 平减指数作为当地 R&D 支出的价格指数；测算行业 R&D 资本存量时，以全国 R&D 经费指数中隐含的价格平减指数作为价格指数。

若无特别说明，本书中所需数据均来自各年《中国科技统计年鉴》、《中国统计年鉴》，以及各地区统计年鉴等公开出版物。

第三节　不同层面 R&D 资本存量的测算

一　全国层面 R&D 资本存量测算

在计算全国 R&D 资本存量时，《中国科技统计年鉴2013》中有全国层面1995—2012年 R&D 支出数据，在科技部"中国科技统计"网站（http：//www.sts.org.cn）得到1987年和1991—1994年 R&D

支出数据。对于 1988—1990 年的 R&D 支出，以 1987—1991 年平均增长率进行推算；1980—1986 年的 R&D 经费支出则直接以国家财政科技拨款中的科技三项费用代替①，这样得到了 1980—2012 年全国层面的 R&D 经费支出。将各年 R&D 经费支出采用以 1978 年为基期的 GDP 平减指数进行平减，得到了可比价格的 R&D 支出。根据实际 R&D 支出数据，得到 1980—2012 年 R&D 支出年平均增长率 g，为 0.137；1980—1990 年的折旧率为 12%，1991—2012 年为 15%；根据式（6.22）得到初始 R&D 资本存量；最后根据式（6.18）得到全国 R&D 资本存量。经过测算，1980—2012 年全国 R&D 资本存量见表 6-1。

表 6-1　　　　　　　　全国 R&D 资本存量　　　　　　单位：亿元

年份	R&D 资本存量	年份	R&D 资本存量	年份	R&D 资本存量
1980	97.25	1991	284.47	2002	1046.05
1981	111.01	1992	319.42	2003	1239.33
1982	119.63	1993	371.31	2004	1461.59
1983	129.34	1994	421.45	2005	1729.85
1984	145.78	1995	464.33	2006	2054.87
1985	164.78	1996	499.69	2007	2436.82
1986	179.59	1997	539.20	2008	2863.49
1987	195.01	1998	600.25	2009	3348.55
1988	211.83	1999	665.22	2010	4002.87
1989	232.21	2000	758.85	2011	4722.66
1990	258.21	2001	895.10	2012	5520.57

注：本表价格为 1978 年价格。

由表 6-1 和图 6-1 可知，以 1978 年价格计算，我国 R&D 资本存量由 1980 年的 97.25 亿元增长到 2012 年的 5520.57 亿元；33 年间增长了 55.77 倍，平均年增长率达 13.02%。

---

① 科技三项费用是指国家为支持科技事业发展而设立的新产品试制费、中间试验费和重大科研项目补助费。1991 年以前，我国 R&D 经费与科技三项费用的差距很小，1987 年科技三项费用占 R&D 经费的 89%，是 R&D 经费的主要组成部分。由于仅能够查阅到 1980 年之后的科技三项费用，因此数据起始年份定为 1980 年。

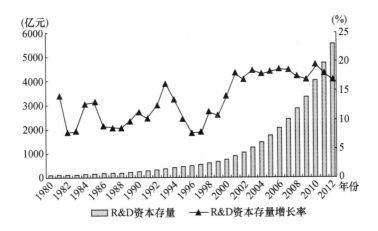

图 6 - 1　R&D 资本存量及其增长率

从增长率看，1980—2012 年 R&D 资本存量的增长大致可以划分为 1980—1984 年、1985—1993 年、1994—1999 年和 2000 年以后四个阶段。其中，前三个阶段为 R&D 资本存量波动增长时期，R&D 资本存量增长率最高年份达 16.21%（1993 年），最低年份为 7.62%（1996 年）。R&D 资本存量增长率的波动受当时经济形势的影响。经济形势较好时，投入的 R&D 经费就多；经济形势较差时，投入的 R&D 经费就少。此外，R&D 增长率的波动在一定程度上也反映出，2000 年以前 R&D 活动还没有引起社会各主体的足够重视；2000 年以后，R&D 资本存量始终处于快速增长时期，增长速度较稳定，2000 年以后各主体 R&D 活动趋于活跃，也在一定程度上反映出政府激励 R&D 活动政策的加强。

二　不同活动类型 R&D 资本存量测算

从类型上看，R&D 可分为基础研究、应用研究和试验发展三类。受数据资料的限制，起始年份定为 1995 年。测算资本存量时的假设条件为：考虑到不同活动类型所涉及知识更新快慢程度不同，对三类活动分别设定不同的折旧率，具体取值分别为 12%、15% 和 18%；价格指数采用 R&D 经费环比指数中隐含的价格指数；根据实际 R&D 支出得到各类型 R&D 支出年均增长速度 g，进而根据式（6.22）得到初始 R&D 资本存量；最后根据式（6.18）得到各活动类型 R&D 资本存量。计算得到的三种类型 R&D 资本存量及其比重如表 6－2 所示。

表 6－2　　　　　　　　各类型 R&D 资本存量　　　　　单位：亿元、%

年份	基础研究资本存量	比重	应用研究资本存量	比重	试验发展资本存量	比重	存量合计
1995	62.33	5.90	344.27	32.58	649.97	61.52	1056.57
1996	73.91	5.93	389.83	31.27	783.03	62.80	1246.77
1997	85.21	5.92	430.26	29.88	924.3	64.20	1439.77
1998	101.79	6.01	495.13	29.21	1098.13	64.78	1695.05
1999	118.24	6.05	544.42	27.84	1292.62	66.11	1955.28
2000	137.92	5.99	614.15	26.66	1551.76	67.36	2303.83
2001	166.89	5.99	670.08	24.04	1950.93	69.98	2787.9
2002	200.23	6.04	747.18	22.53	2368.54	71.43	3315.95
2003	246.52	6.19	870.31	21.86	2863.68	71.94	3980.51
2004	298.54	6.30	1029.65	21.73	3409.24	71.96	4737.43
2005	364.68	6.46	1223.7	21.68	4055.85	71.86	5644.23
2006	430.73	6.39	1402.97	20.83	4902.96	72.78	6736.66
2007	504.85	6.30	1587.47	19.80	5923.98	73.90	8016.3
2008	575.79	6.10	1720.97	18.22	7146.6	75.68	9443.36
2009	661.54	5.98	1866.42	16.87	8533.68	77.15	11061.64
2010	771.99	5.83	2099.72	15.86	10368.19	78.31	13239.9
2011	894	5.72	2375.89	15.20	12362.6	79.08	15632.49
2012	1040.19	5.69	2652.57	14.51	14590.82	79.80	18283.58

注：本表数据为 1995 年价格数据。

从各类型 R&D 资本存量看，试验发展资本存量最高，在总存量中的比重呈上升趋势，由 1995 年的 61.52% 上升到 2012 年的 79.80%；基础研究资本存量最低，在总存量中的比重较稳定，在 6% 左右；应用研究资本存量则呈下降趋势，由 1995 年的 32.58% 下降到 2012 年的 14.51%（见图 6－2）。从增长速度看，试验发展增长最快，年均增速达 18.87%；基础研究次之，为 16.93%；应用研究最慢，为 12.01%。

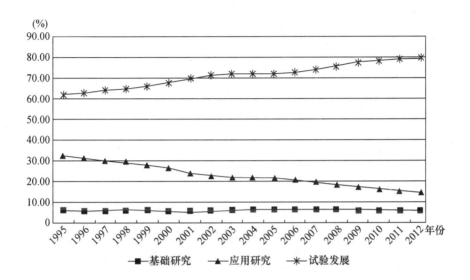

图 6 - 2 各类型 R&D 资本存量占全国 R&D 资本存量的比重

三 不同执行部门 R&D 资本存量测算

我国 R&D 活动的主要部门有三个，即研究机构、高等学校和企业。在《中国科技统计年鉴》中，研究机构和高等学校的 R&D 支出数据范围为 1995—2012 年；但企业部门的总数据自 2000 年才有。2000 年以后，在我国 R&D 活动中，研究机构、高等学校和企业三个部门每年支出的 R&D 经费均占全部经费的 97% 以上，最低年份为 97.32%，平均为 98.67%；其他活动主体在总支出中所占比重很小。考虑到三个部门 R&D 支出所占比重的上升趋势，假定 1995—1999 年三个部门 R&D 支出所占比重为总支出的 97%，将三个部门的总支出减去研究机构、高等学校的 R&D 经费支出即得到企业部门 R&D 支出；然后分别测算三个部门的 R&D 资本存量。相关参数为：基期选择为 1995 年；研究机构和高等学校的折旧率取为 15%，企业部门的折旧率取为 18%；R&D 价格指数采用 R&D 经费环比指数中隐含的价格指数；根据三个部门实际 R&D 支出数据，得出 1995—2007 年平均增长速度 g，根据式（6.22）得到初始 R&D 资本存量；最后根据式（6.18）得到各年 R&D 资本存量。经过测算，1995—2012 年三个部门 R&D 资本存量及其比重如表 6-3 和图 6-3 所示。

表 6-3	三个部门 R&D 资本存量		单位：亿元
年份	研发机构	高等学校	企业
1995	561.32	142.03	373.22
1996	623.55	163.03	455.54
1997	692.45	183.48	534.83
1998	779.65	209.36	651.20
1999	881.39	231.45	760.87
2000	995.44	256.77	940.22
2001	1085.08	289.30	1268.40
2002	1184.15	338.85	1611.91
2003	1323.57	405.78	2032.67
2004	1475.93	487.66	2511.27
2005	1609.68	579.81	3140.15
2006	1774.33	684.61	3899.70
2007	1940.79	793.02	4825.61
2008	2137.23	897.11	5857.82
2009	2350.05	1019.09	7026.80
2010	2656.28	1175.89	8572.08
2011	2993.40	1369.82	10244.05
2012	3295.91	1560.53	12184.07

注：本表价格为 1995 年价格。

从图 6-3 可以看出，高等学校 R&D 资本存量所占比重一直较低，且呈缓慢下降趋势；在 2000 年之前，企业部门 R&D 资本存量低于研究机构，自 2001 年起开始超过研究机构，成为 R&D 资本存量最多的部门，至 2012 年企业部门 R&D 资本存量已远远超过研究机构和高等学校。这表明随着经济的发展，企业越来越成为 R&D 活动的主体，在创新过程中，发挥着更大的作用。

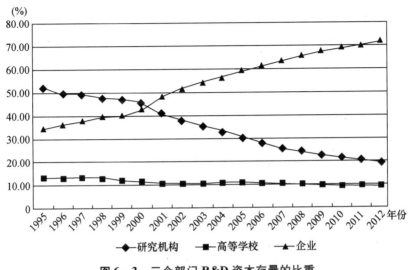

图 6 - 3 三个部门 R&D 资本存量的比重

四 分区域 R&D 资本存量测算

在《中国科技统计年鉴》中，各省市区的 R&D 支出数据自 1998 年才开始公布，因此各地区 R&D 资本存量测算时间跨度为 1998—2012 年。在具体测算时，考虑到各地区价格水平之间的差距，本书计算各地区不变价格 R&D 支出时，没有对各地区采用统一的价格指数，而是以各地区 GDP 平减指数——GDP 指数中隐含的价格指数作为各地区 R&D 支出价格指数，基期为 1995 年。东、中、西部地区[1]折旧率取值分别为 18%、15% 和 12%；根据各地区 1998—2012 年 R&D 实际支出得到平均增长速度 g；根据式（6.22）得到初始 R&D 资本存量。根据式（6.18）得到各地区 R&D 资本存量。由于西藏多数年份数据缺失，本书没有将其包括在内，所以得到的是其余 30 个省市区的 R&D 资本存量（见表 6 - 4）。为了更清楚地看出 R&D 资本存量的分布状况，将 1998 年和 2012 年两年各省市区 R&D 资本存量的分布情况做成折线图（见图 6 - 4）。

---

① 东部地区包括北京、天津、河北、辽宁、上海、江苏、浙江、福建、山东、广东和海南 11 个省市区；中部地区包括山西、吉林、黑龙江、安徽、江西、河南、湖北、湖南 8 个省市区。西部地区包括广西、内蒙古、重庆、四川、贵州、云南、陕西、甘肃、青海、宁夏、新疆 11 个省市区。由于西藏的数据缺失，没有包括在内。

表 6-4　　各地区 R&D 资本存量

单位：亿元

年份 地区	1998	1999	2000	2001	2002	2003	2004	2005	2006	2007	2008	2009	2010	2011	2012
北京	273.4	310.4	354.3	411.5	464.0	535.6	612.4	705.0	818.5	940.3	1070.2	1176.6	1331.0	1518.9	1702.9
天津	28.2	35.0	41.2	56.9	70.0	86.5	107.1	134.0	170.0	216.4	269.2	329.9	400.7	488.9	598.4
河北	22.4	27.5	36.8	55.3	69.7	89.2	108.3	126.2	151.3	185.9	221.3	260.1	312.6	364.9	429.4
辽宁	66.1	78.4	92.1	113.2	142.0	182.8	228.0	289.0	350.5	407.3	473.9	535.5	621.7	722.4	843.1
上海	112.3	134.0	157.2	195.6	240.9	299.3	360.1	439.4	532.0	647.4	774.8	903.2	1063.6	1227.3	1432.9
江苏	82.4	103.6	132.7	183.5	244.5	319.6	410.0	536.4	676.8	850.2	1051.8	1310.9	1622.6	1957.9	2335.1
浙江	21.6	28.4	35.7	61.8	90.5	124.9	168.9	235.8	327.8	448.2	584.3	734.7	903.2	1086.4	1282.2
福建	12.5	16.1	22.8	38.9	53.7	67.6	91.6	117.9	145.6	180.7	218.6	263.7	327.6	401.6	491.8
山东	48.9	62.6	83.4	120.0	158.8	217.6	277.8	353.8	451.9	557.5	699.4	889.9	1117.7	1404.2	1738.3
广东	91.4	114.0	157.1	228.4	313.2	400.4	490.0	584.7	682.2	814.4	985.8	1176.9	1454.7	1777.7	2177.0
海南	1.8	2.1	3.5	3.7	3.9	4.4	4.8	5.9	6.4	7.1	8.2	9.4	12.4	15.4	19.8
山西	18.4	22.0	26.3	31.6	37.0	44.7	51.7	62.5	73.3	89.8	111.5	132.7	164.2	191.7	223.7
吉林	24.4	28.6	32.3	39.9	49.4	66.4	81.4	99.7	117.4	132.9	151.7	167.2	201.3	223.8	248.0
黑龙江	41.0	47.9	54.8	61.0	71.6	84.3	104.1	122.0	148.4	178.0	210.3	252.4	314.6	372.6	418.6
安徽	21.1	26.4	33.6	48.7	62.0	78.1	97.9	117.6	141.1	172.5	207.0	253.4	321.8	393.0	477.7

续表

年份 地区	1998	1999	2000	2001	2002	2003	2004	2005	2006	2007	2008	2009	2010	2011	2012
江西	10.8	13.2	16.9	21.9	25.7	32.4	42.5	53.7	68.0	86.6	109.3	134.2	165.2	194.7	220.1
河南	29.7	36.5	44.6	61.7	79.4	95.5	113.0	132.0	155.8	193.7	237.9	285.0	363.5	448.1	548.1
湖北	65.8	77.9	94.0	113.3	131.4	157.6	185.1	206.8	239.3	281.2	325.3	383.3	477.5	580.7	691.6
湖南	21.6	26.8	35.7	48.7	64.5	80.3	96.7	114.7	135.2	159.2	192.0	242.0	313.6	389.0	471.4
内蒙古	2.7	3.5	4.9	7.4	10.2	13.5	17.6	22.1	29.0	38.4	51.8	66.8	92.1	120.2	154.3
广西	3.7	4.8	6.5	14.7	21.5	28.6	37.0	44.0	52.1	62.0	72.7	89.9	117.4	150.6	188.5
重庆	13.9	17.2	21.5	29.0	35.3	43.1	54.3	68.7	88.2	109.5	135.7	160.4	196.4	240.1	290.6
四川	100.9	117.3	136.9	163.8	199.4	235.1	282.4	318.4	364.3	411.6	472.4	533.3	629.6	741.3	848.2
贵州	8.6	10.1	11.7	14.2	17.4	20.9	25.4	29.6	34.8	41.8	46.8	52.9	63.2	73.7	85.2
云南	12.8	15.2	18.4	22.5	26.9	32.9	39.1	45.0	57.1	67.1	78.7	90.9	106.9	124.7	145.6
陕西	111.1	125.3	141.6	172.0	200.2	233.1	267.1	305.1	342.0	376.8	418.0	456.2	520.4	584.2	647.5
甘肃	23.0	26.1	29.3	32.0	35.5	40.8	46.8	52.5	61.3	71.4	80.6	91.5	105.4	118.5	131.8
青海	2.8	3.3	3.7	4.5	5.1	6.4	7.9	9.5	10.8	12.2	13.5	14.3	17.6	21.5	25.9
宁夏	2.7	3.2	3.6	4.7	5.5	6.6	7.8	9.2	10.5	12.9	16.3	18.5	22.0	25.1	28.9
新疆	5.7	6.8	8.4	10.2	11.7	13.3	14.8	17.7	20.3	23.7	27.6	34.4	44.8	54.9	65.9

注：本表数据为 1995 年价格数据。

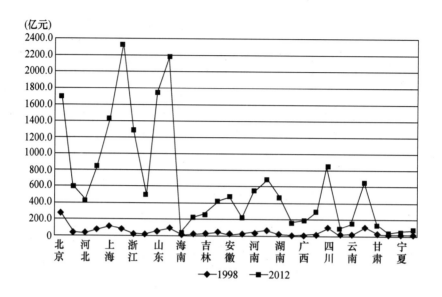

图 6-4　1998 年和 2012 年各省市区 R&D 资本存量

从图 6-4 可以看出，近十几年来，各省市区 R&D 资本存量分布趋势大致未变，但 2012 年较 1998 年各省市区之间的差距更加明显；东部地区较中西部地区有明显优势，且优势在扩大；中西部地区各省市区之间差距不大。2012 年，东部地区的江苏、广东、山东、北京、上海、浙江的 R&D 资本存量均高于 1000 亿元，明显高于其他地区；四川、辽宁、湖北、陕西、天津、河南的 R&D 资本存量均高于 500 亿元，也具有较强优势，明显形成区域 R&D 活动中心；其他地区 R&D 资本存量则相对较低。

将东、中、西部地区各省市区 R&D 资本存量进行加总，得到各区域 R&D 资本存量情况，表 6-5 为东、中、西部地区 R&D 资本存量及各自所占比重。图 6-5 则以更加直观的图形表示。其中，R&D 资本存量以柱状图标示，坐标轴以左侧数轴标示（亿元）；比重则以折线图表示，坐标轴以右侧数轴标示（%）。

表 6 - 5　　　　　　东、中、西部地区 R&D 资本存量及比重

年份	R&D 资本存量（1995 年价格，亿元）			比重（%）		
	东部	中部	西部	东部	中部	西部
1998	761.17	232.98	287.73	59.38	18.17	22.45
1999	912.04	279.22	332.59	59.85	18.32	21.83
2000	1116.67	338.15	386.48	60.65	18.36	20.99
2001	1468.66	426.61	474.99	61.96	18.00	20.04
2002	1851.23	520.90	568.72	62.95	17.71	19.34
2003	2327.99	639.19	674.30	63.93	17.55	18.52
2004	2858.87	772.40	800.03	64.52	17.43	18.05
2005	3528.22	909.07	921.86	65.84	16.96	17.20
2006	4312.99	1078.36	1070.55	66.74	16.69	16.57
2007	5255.52	1293.92	1227.53	67.58	16.64	15.78
2008	6357.48	1545.01	1414.04	68.24	16.58	15.18
2009	7590.85	1850.19	1609.17	68.69	16.74	14.56
2010	9167.76	2321.71	1915.91	68.39	17.32	14.29
2011	10965.85	2793.58	2254.84	68.48	17.44	14.08
2012	13050.70	3299.31	2612.56	68.82	17.40	13.78

从图 6 - 5 和表 6 - 5 可以看出，东、中、西部地区 R&D 资本存量均在增长，但东部地区增长更快。东部地区 R&D 资本存量较中、西部地区总量还高，并且比重还有进一步上升的趋势。比较而言，中、西部地区 R&D 资本存量差别不大，增速较缓，在总存量中的比重持续下降。

五　分行业 R&D 资本存量测算

从行业角度看，工业企业无疑是 R&D 活动最主要的部门。在《中国科技统计年鉴》中，仅对大中型工业企业有分行业大类的 R&D 支出，并且从 2003 年才开始公布。因此，本书从行业角度仅测算了 2003—2012 年分行业大中型工业企业 R&D 资本存量。测算时的假设

条件如下：折旧率设为 15%；价格指数采用根据可比价格的 R&D 支出指数推算的 R&D 支出平减指数，基期为 1995 年；根据各行业 2003—2012 年 R&D 实际支出得到平均增长速度 g，根据式（6.22）得到初始 R&D 资本存量；最后根据式（6.18）得到分行业大中型工业企业 R&D 资本存量。另外，在各年 R&D 经费支出数据中，一些年份没有"其他采矿业"数据，本书将其剔除；电力、热力的生产和供应业、燃气生产和供应业、水的生产和供应业三个行业为公用事业部门，垄断特征明显，书中也将其剔除。这样，最后得到的是大中型工业企业 34 个行业大类 2003—2012 年 R&D 资本存量（见表 6-6）；表 6-7 则反映了 2012 年 R&D 资本存量较高的 8 个行业的情况。

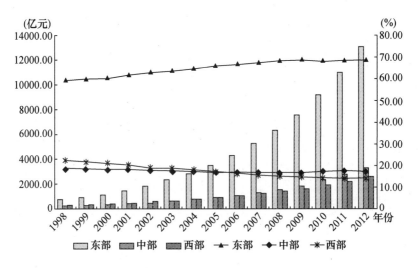

图 6-5 东、中、西部地区 R&D 资本存量及所占比重

从表 6-6 和表 6-7 中可以看出，R&D 资本存量在各行业间分布十分不平衡，集中度较高。2012 年 R&D 资本存量最高的通信设备、计算机及其他电子设备制造业为 1909.41 亿元，而存量最低的黑色金属矿采选业为 6.69 亿元，二者相差 280 多倍。R&D 资本存量较高的前 5 个行业的 R&D 资本存量占总存量比重将近 50%；前 8 个存量较大的行业拥有的 R&D 资本存量占总存量的 62.45%，与这些行业的特征基本相符。

表 6-6　分行业大中型工业企业 R&D 资本存量

单位：亿元

行　　业	2003年	2004年	2005年	2006年	2007年	2008年	2009年	2010年	2011年	2012年
煤炭开采和洗选业	29.64	37.61	53.23	67.73	85.71	106.69	132.32	174.01	215.33	266.50
石油和天然气开采业	36.11	42.80	54.26	63.60	71.39	79.94	91.90	119.39	156.10	179.92
黑色金属矿采选业	0.33	0.45	0.62	0.85	1.04	1.81	2.97	3.71	5.08	6.69
有色金属矿采选业	2.90	3.68	4.17	4.45	4.90	6.94	8.58	12.38	14.63	20.44
非金属矿采选业	2.00	2.47	2.60	3.63	4.04	4.91	5.63	6.10	6.88	10.03
农副食品加工业	7.54	10.42	13.28	18.23	25.71	36.38	49.16	66.13	85.86	125.93
食品制造业	11.76	15.04	18.06	21.85	27.55	34.69	41.24	55.83	71.56	96.84
饮料制造业	18.79	23.25	29.47	37.03	45.80	57.82	70.43	85.88	101.54	126.19
烟草制品业	15.69	17.38	19.07	22.99	24.35	26.87	29.10	33.05	36.68	40.36
纺织业	34.74	43.20	57.54	72.29	87.60	105.18	124.47	151.56	181.30	232.33
纺织服装、鞋、帽制造业	15.55	18.12	19.85	23.16	26.41	29.30	32.99	37.93	42.51	52.79
皮革、毛皮、羽毛（绒）及其制品业	3.63	4.54	5.46	6.60	7.85	9.94	12.06	15.65	19.72	25.64
木材加工及木、竹、藤、棕、草制品业	3.82	4.73	5.92	8.11	9.33	11.60	13.63	15.03	16.26	22.14
家具制造业	0.36	0.53	1.97	3.19	4.61	6.57	8.08	10.57	11.48	14.95
造纸及纸制品业	17.46	21.32	25.10	30.82	37.71	44.14	54.37	67.37	80.00	100.14
印刷业和记录媒介的复制	4.67	5.82	6.37	7.20	7.93	10.31	12.00	15.30	19.39	27.42
文教体育用品制造业	2.51	3.22	4.72	5.97	7.54	9.18	11.58	15.42	17.67	22.90

续表

行　业	2003年	2004年	2005年	2006年	2007年	2008年	2009年	2010年	2011年	2012年
石油加工、炼焦及核燃料加工业	13.48	17.02	22.90	27.70	35.79	44.26	56.15	70.11	86.77	109.73
化学原料及化学制品制造业	98.75	124.99	161.92	204.61	248.55	311.32	380.74	454.12	539.47	728.81
医药制造业	65.29	79.83	91.04	109.00	132.76	159.54	187.61	225.36	267.58	348.93
化学纤维制造业	12.21	15.46	19.68	26.32	37.34	50.73	63.13	75.08	89.22	109.63
橡胶制品业	16.32	20.28	25.41	31.20	42.48	56.00	68.66	82.71	102.74	123.64
塑料制品业	12.13	15.68	20.16	24.91	32.03	37.06	48.01	60.60	76.90	107.14
非金属矿物制品业	34.62	43.17	49.90	59.88	70.50	80.87	98.76	122.96	154.94	212.05
黑色金属冶炼及压延加工业	150.61	184.97	230.16	296.06	375.30	474.80	601.69	713.47	855.76	1022.23
有色金属冶炼及压延加工业	25.50	33.63	44.92	66.52	98.78	131.37	167.90	207.13	249.75	321.67
金属制品业	12.75	17.07	21.41	30.42	41.85	58.20	78.04	96.83	120.65	166.56
通用设备制造业	92.80	116.58	140.98	174.30	227.08	290.54	362.41	446.93	527.03	681.85
专用设备制造业	63.84	82.18	98.35	127.25	166.05	218.67	281.58	370.19	460.29	601.55
交通运输设备制造业	219.20	270.44	334.74	422.01	529.52	663.62	809.21	992.08	1204.22	1475.20
电气机械及器材制造业	169.31	209.42	254.86	310.08	390.85	483.76	592.12	721.31	876.67	1104.05
通信设备、计算机及其他电子设备制造业	435.61	514.10	623.07	748.59	901.99	1053.13	1211.31	1393.14	1609.64	1909.41
仪器仪表及文化、办公用机械制造业	16.08	21.22	28.39	37.22	45.96	59.68	75.62	96.37	117.49	169.38
工艺品及其他制造业	3.98	5.15	7.65	8.89	11.96	14.77	16.86	20.69	26.04	36.09

注：本表价格为1995年价格。

表 6 – 7　　　　　　　**2012 年 R&D 资本存量较高的 8 个行业**

序号	行　　业	R&D 资本存量 （亿元，1995 年价格）	比重（％）	累计比重 （％）
1	通信设备、计算机及 其他电子设备制造业	1909.41	15.14	15.14
2	交通运输设备制造业	1475.20	11.70	26.84
3	电气机械及器材制造业	1104.05	8.75	35.59
4	黑色金属冶炼及压延加工业	1022.23	8.11	43.70
5	化学原料及化学制品制造业	728.81	5.80	49.50
6	通用设备制造业	681.85	5.41	54.91
7	专用设备制造业	601.55	4.77	59.68
8	医药制造业	348.93	2.77	62.45
	合　　计	7872.03	62.45	—

注：本表价格为 1995 年价格。

第七章 R&D 对经济增长作用的
实证研究

前面的研究中，已经对 R&D 的资本性质进行了分析，对我国 R&D 资本存量水平进行了测算。本章首先分析影响经济增长的各种主要因素，就 R&D 资本对经济增长的作用进行理论上的探讨；然后从不同层面就 R&D 对经济增长的作用进行实证研究。

第一节 经济增长的影响因素分析

一 要素投入、TFP 与经济增长

从经济增长理论的发展过程看，无论是亚当·斯密的古典经济增长理论，还是 20 世纪 80 年代兴起的新增长理论，对于影响经济增长的因素分析始终是需要回答的基本问题之一。

综合各种经济增长理论可知，经济增长的动力来源可归于两个方面：要素投入的增加和全要素生产率（TFP）的提高。要素投入包括资本、劳动和土地，但土地是有限的且一般固定不变，因此现代经济增长模型往往对土地要素的变化不予考虑，主要考虑资本和劳动生产要素对经济增长的影响。然而，与要素投入不同，虽然各种经济增长理论均认为 TFP 是影响长期增长的重要因素，但对于 TFP 增长的来源却有不同的理解。不同的经济学家从不同理论和不同角度出发，考虑问题的侧重点不同，得出影响增长的因素也各不相同。事实上，在经济学家的研究过程中，只要能对经济增长产生影响但又明显不属于要素投入的，都视为通过影响 TFP 进而影响经济增长的因素。

肯德里克（Kendrick，1980）认为，影响 TFP 增长的因素有以下六类：（1）研发支出；（2）教育培训等无形资本支出；（3）资源配置；（4）技术创新的扩散程度；（5）由技术进步所决定的内部规模的经济性和外部规模的经济性；（6）人力资源的质量和自然资源的丰度。丹尼森（1974）将 TFP 增长细分为规模的节约、资源配置的改善和知识进展三个子因素。比较而言，肯德里克的分析相对具体，丹尼森的研究则更加抽象和综合。实际上，二者的分类本质上是相近的，肯德里克的分类中，第（1）、（2）、（4）类与丹尼森的知识进展相对应；第（3）类对应于资源配置的改善；第（5）类对应于规模的节约；第（6）类稍复杂，但其中的大部分可由要素投入增加予以体现，其余部分则可归入到知识进展中。[①]

肯德里克和丹尼森对 TFP 影响因素的分析，代表了发达国家成熟市场经济体制的状况。考虑到我国为发展中国家，且处于经济体制的转轨时期，许多其他因素也对 TFP 的变化产生影响。因此，综合现有研究文献的成果并结合我国经济转型时期的实际情况，本书认为，影响我国 TFP 增长的主要因素包括 R&D、人力资本、制度变迁、结构调整等因素。各因素与要素投入、TFP、经济增长的关系可以通过图 7 - 1 来表示。

二　TFP 增长的决定因素

由图 7 - 1 可知，TFP 是促进经济增长的一个重要因素，但 TFP 并不是一个可直接调控的经济变量，它实际上受众多因素的影响。结合现有研究文献及我国经济增长的具体情况，本书将影响 TFP 增长的因素大致归纳为以下几个方面：R&D、人力资本、制度变迁、结构调整，以及其他因素如外商直接投资、国际贸易等。

（一）R&D

R&D 对 TFP 增长的影响，已经在内生增长理论中得到证明。以罗默（1990）、阿吉翁和霍依特（Aghion and Howitt，1992）、格罗斯曼和赫尔普曼（Grossman and Helpman，1991）为代表的经济增长模

---

① 熊俊：《要素投入、全要素生产率与中国经济增长的动力》，中国财政经济出版社 2008 年版，第 93 页。

型中专门将 R&D 部门的 R&D 活动纳入其中，认为生产新的知识能够促进经济内生增长。

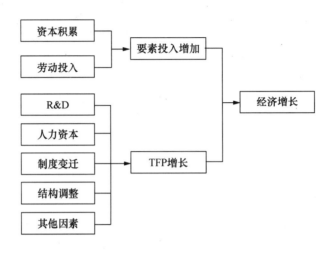

图 7 - 1　要素投入、TFP 与经济增长关系

在实证研究方面，国外学者曼斯菲尔德（1965）、Minasian（1969）、格里利切斯（1980a）、香克曼（Schankerman，1981）、格里利切斯和迈雷斯（1984；1990）、哈霍夫（1998）、迪林—汉森（2000）等在 R&D 与经济增长方面做出了大量研究，均证实了 R&D 对 TFP 有显著的正向影响。就国内研究情况看，高凌云和王永中（2008）、李小平和朱钟棣（2006）、李小平（2007）、吕忠伟和李峻浩（2008）、吴延兵（2006；2008）、张海洋（2005）、朱有为和徐康宁（2007）等结合我国数据情况，就 R&D 与 TFP 或经济增长的关系进行了研究，同样得到了 R&D 对经济增长的正向影响。

（二）制度变迁

自改革开放以来，我国的经济体制也在不断变化，由计划经济体制向市场经济体制转变，20 世纪 90 年代开始进入全面建设市场经济时期，21 世纪之后进入了改革的攻坚阶段。通过经济制度改革解放生产力而释放出来的巨大经济推动力，在提高生产率方面发挥了重大作用。与资本和劳动等生产要素不同，制度变迁对经济增长的影响具有时期性。当体制改革完成，经济制度不再发生变化时，这种经济增长的动力就消失了。在西方主流经济增长理论中，制度往往被视为外生变量，这与第二次大世界大战以后西方发达国家经济制度相对稳定有关。但在中国等经济体制已经或正在发生重大变化的国家，制度变迁应当在增长研究中引起足够重视。

实际上，早在古典经济增长理论时期，亚当·斯密、大卫·李嘉图就注意到制度因素对经济增长的促进作用；美国经济学家托尔斯坦于 20 世纪初期创建了制度学派，其后经过发展，以科斯与诺斯于 20 世纪 90 年代初相继获得诺贝尔经济学奖为标志，制度经济学的发展达到了顶峰。1978 年，伴随着改革开放，我国的经济体制改革也在快速推进。在此背景下，制度经济学被引入我国并迅速兴起，林毅夫（1994）、卢现祥（1996）、张军（1997）、张孝德（1999）、黄少安（2000）、周小亮（2001）、舒元等（2002）、王文博等（2002）、沈坤荣（2003）、雷钦礼（2003）、王金营和黄乾（2004）等从不同角度对我国的制度改革与经济增长问题进行了理论与实证研究，表明制度改革是影响我国经济增长的重要因素。

就所有制（产权）结构看，科斯和诺斯、张五常的研究均有涉及。路征（2008）、洪名勇（2004）、金明路（2002）等在所有制结构与经济增长方面进行了研究；刘伟和李绍荣（2002）、朱慧明和韩玉启（2003）、周英章和蒋振声（2002）等在产业结构与经济增长方面进行了研究。研究结果表明，所有制结构和产业结构变动对我国经济增长均有显著影响。

（三）结构调整

所谓经济结构是指资源在国民经济各部门的分配状况。经济结构包括很多方面，如产业结构、生产结构、消费结构、分配结构、税收结构、金融制度结构，等等。与我国的经济发展实际联系较紧密、对我国经济增长影响较大的首先是产业结构，这也是我国学者研究较多的结构问题。

就产业结构看，库兹涅茨在 1949 年就论述过产业结构对经济增长的影响；并于 1957 年用 50 个国家的经验数据进行了实证研究。钱纳里（Chenery，1960）、比森和温斯坦（Beason and Weinstein，1996）、韩国珍（2002）、刘伟和李绍荣（2002）、朱慧明和韩玉启（2003）、郭金龙和张许颖（1998）等均做过这方面的研究，大部分研究成果肯定了产业结构调整对经济增长的促进效应。

（四）人力资本

最早注意到人力资本对经济增长作用的是美国经济学家舒尔茨，从20世纪五六十年代起，舒尔茨发表了多篇关于人力资本的论文，建立了人力资本理论体系。其后，明塞尔、贝克尔等在完善人力资本理论体系方面也做出了重要贡献。80年代中期起，随着内生经济增长理论兴起，卢卡斯以人力资本为基础建立的内生增长模型，更加突出了人力资本对经济增长的促进作用。至今，关于人力资本理论及实证研究仍然是经济增长理论中的重要内容。

在实证研究方面，国外学者巴罗（Barro，1991）、克莱诺（Klenow，2000）、卡莱特斯达基斯等（Kalaitzidakis et al.，2001）等针对不同的样本数据就人力资本与经济增长的关系进行了实证研究，得出了人力资本对经济增长的正向促进作用。国内对于人力资本的研究虽然起步较晚，但也涌现出了一些研究成果，如沈利生和朱运法（1997），王金营（2001），叶茂林、郑晓齐和王斌（2003），储中志（2005）等，均肯定了我国人力资本对经济增长的促进作用。

（五）其他因素

以上因素是本书在实证分析中重点考虑的，实际上，还有一些其他因素同样对经济增长产生重要影响，近年来学者们研究较多的因素有外商直接投资和国际贸易等。

1. 外商直接投资（FDI）

一般而言，新投资较旧投资总有技术上的先进性，即体现型技术进步。在开放经济中，由外商直接投资带来的技术进步是促进东道国生产率提高的重要途径。20世纪80年代以来，国际资本流动越来越广泛，因此FDI对东道国的经济增长影响也日益引起人们的关注。麦克杜格尔（Macdougall，1960）、芬德利（R. Findlay，1974）、Koizumi和Kopecky（1980）、Markusea和Venables（1997）、博伦斯坦（Borenstein et al., 1998）等对 FDI 中的技术溢出效应进行了研究。国内学者如王志乐（1996），郑京平（1998），王岳平（1997），姚洋（1998），程惠芳（2002），沈坤荣、耿强（2001），姚树洁、冯根福和韦开蕾（2006），陈继勇、成杨怿（2008）等针对我国 FDI 情况进行了研究，肯定了 FDI 对我国技术进步和全要素生产率提升的作用。

2. 国际贸易

在一国的技术进步中，国际贸易发挥着重要作用。这是由于在国际贸易过程中，存在着技术溢出行为，先进技术以物品或服务为载体，由发达国家或地区溢出到欠发达国家或地区，从而促进了进口国家技术水平的提高，直接表现为 TFP 的提升。萨克斯和沃纳（Sachs and Warner，1995）、Awokuse（2007）、哈里森（Harrison，1996）、金（Kim，2000）、李（Lee，1995）等对国际贸易与经济增长或 TFP 的增长进行了研究，结果肯定了贸易自由的重要作用。国内学者如李小平、朱钟棣（2006），李小平、卢现祥和朱钟棣（2008），曾卫锋（2008），尹敬东（2007），潘向东、廖进中和赖明勇（2005）等结合我国数据进行了研究，也支持了自由贸易的思想。

第二节　实证模型设定及变量数据测算

一　实证模型设定

自罗默建立第一个 R&D 模型以来，R&D 在经济增长中的重要作用已经为众多理论与实证研究所证明。但现有研究文献多是直接借用某种生产函数，就 R&D 投入与经济增长的关系进行研究，而没有考虑我国处于转型时期的经济特征。在上一节的理论分析中已经指出，研究我国的经济增长问题，不能忽视我国处于转型时期的社会经济发展条件，特别是改革开放所带来的经济制度和结构变动对经济的重要作用。另外，现有对 R&D 与经济增长关系的研究中，往往仅研究 R&D 经费投入与经济增长的作用，很少有文献研究 R&D 人员的作用。

本章基于前述各章所做的基础工作，就 R&D 与经济增长的关系进行
实证研究，主要从以下几个方面进行了拓展：一是采用测算的 R&D
资本存量数据，能较好地反映 R&D 对经济增长的影响；二是结合我
国的经济特点，在控制经济制度变动的情况下来研究 R&D 对经济增
长的作用；三是将 R&D 人员与 R&D 资本纳入模型，分别研究其对产
出增长的影响。[①]

设生产函数为 C—D 生产函数，可表示为：

$$Y = AK^{\alpha}L^{\beta} \tag{7.1}$$

式中，Y 为产出，K 为物质资本投入，L 为劳动投入，α 和 β 分别
为物质资本和劳动的产出弹性，为常数。

考虑 R&D 人员和 R&D 资本对产出的影响，分别用 RR、RZ 代表
R&D 人员和 R&D 资本加入方程右侧，则生产函数变为：

$$Y = AK^{\alpha}L^{\beta}RZ^{\gamma_1}RR^{\gamma_2} \tag{7.2}$$

两边取对数并加上随机扰动项，得到：

$$\ln Y = \ln A + \alpha \ln K + \beta \ln L + \gamma_1 \ln RZ + \gamma_2 \ln RR + \varepsilon \tag{7.3}$$

假定物质资本和劳动投入规模报酬不变，两边同时减去 $\ln L$，
得到：

$$\ln y = \ln a + \alpha \ln k + \gamma_1 \ln rz + \gamma_2 \ln rr + \varepsilon \tag{7.4}$$

式中，$y = Y/L$，$k = K/L$。进一步考虑制度变迁和结构调整对产出
的作用，将代表制度变化（S）和结构调整（J）的变量纳入模型，
则式（7.3）和式（7.4）分别转化为：

$$\ln Y = \ln A + \alpha \ln K + \beta \ln L + \gamma_1 \ln RZ + \gamma_2 \ln RR + \gamma_3 \ln S + \gamma_4 \ln J + \varepsilon \tag{7.5}$$

$$\ln y = \ln a + \alpha \ln k + \gamma_1 \ln RZ + \gamma_2 \ln RR + \gamma_3 \ln S + \gamma_4 \ln J + \varepsilon \tag{7.6}$$

式中，S 和 J 分别代表制度变量和结构变量。式（7.3）至式
（7.6）即为本书实证研究所用基本模型。

二 变量数据测算

基于上述理论分析框架，结合本书的研究目的，本书着重讨论

---

① 将 R&D 人员与 R&D 资本同时纳入模型会存在双重计算问题，即 R&D 人员与劳动
投入、R&D 资本与普通物质资本之间存在重合的部分，会对模型结果产生一定的影响。但
考虑到数据完全分离存在一定的困难，本书忽略了这种影响。

在实证研究中变量数据的选取和确定。对于公开出版的年鉴资料中能够得到的数据，若适合模型使用，则直接使用年鉴资料的数据；对于一些口径不同的数据，需要进行一定的调整；还有一些年鉴资料不能提供的数据，则需根据现有资料采用一定的方法进行构造。

在本书的实证研究中，涉及的基本指标包括产出、物质资本存量、R&D 资本存量、劳动力和人力资本存量。其中，R&D 资本存量在上一章中已经进行了详细测算，此处主要介绍产出、物质资本存量、劳动力、R&D 人员等变量数据的测算。另外，根据本书的研究目的，在某些实证研究模型中还需要关于制度变迁等方面的相关数据，这些变量的选取及数据也在此处给出。具体的实证模型从三个角度考虑，即全国层面、区域层面及行业层面，因此所需数据也从三个层面给出。

（一）产出

1. 全国层面的产出数据

全国层面的产出数据直接采用各年 GDP 数据，在《中国统计年鉴》中提供了 1978—2012 年全国 GDP 总额数据，采用相应的 GDP 指数缩减成 1978 年不变价格 GDP 数据（见表 7 - 1）。

表 7 - 1　　　　　　　1978—2012 年我国 GDP 数据　　　　单位：亿元

年份	当年价格	不变价格 （1978 年价格）	年份	当年价格	不变价格 （1978 年价格）
1978	3645.22	3645.22	1984	7208.05	6196.81
1979	4062.58	3922.25	1985	9016.04	7031.28
1980	4545.62	4228.75	1986	10275.18	7653.29
1981	4891.56	4450.47	1987	12058.62	8539.80
1982	5323.35	4853.54	1988	15042.82	9503.13
1983	5962.65	5380.29	1989	16992.32	9889.27

年份	当年价格	不变价格 （1978 年价格）	年份	当年价格	不变价格 （1978 年价格）
1990	18667.82	10268.92	2002	120332.69	32725.69
1991	21781.50	11211.50	2003	135822.76	36006.57
1992	26923.48	12808.09	2004	159878.34	39637.85
1993	35333.92	14596.65	2005	184937.37	44120.90
1994	48197.86	16506.00	2006	216314.43	49713.90
1995	60793.73	18309.27	2007	265810.31	56754.58
1996	71176.59	20141.76	2008	314045.43	62222.70
1997	78973.03	22014.35	2009	340902.81	67956.02
1998	84402.28	23738.81	2010	401512.80	75055.38
1999	89677.05	25547.66	2011	473104.05	82035.44
2000	99214.55	27701.66	2012	518942.11	88313.15
2001	109655.17	30000.98	—	—	—

2. 区域层面产出数据

区域层面涉及各省区 2003—2012 年 GDP 数据，从《中国统计年鉴 2013》中得到 2005—2012 年各省区 GDP 数据；2003—2004 年各省区 GDP 数据由《中国国内生产总值核算历史资料（1952—2004）》得到，并通过相应价格指数缩减成 1995 年价格，相应数据见附表1。

3. 行业层面产出数据

行业层面涉及 2003—2012 年 33 个大中型工业企业产出数据，本书采用工业总产值作为产出的衡量，数据来源于各年《中国统计年鉴》，相应数据见附表8。

（二）物质资本存量

对物质资本存量的测算采用永续盘存法，其基本测算公式如下：

$$K_t = K_{t-1}(1-\delta) + I_t/P_t \tag{7.7}$$

式中，K_t 为第 t 年资本存量；δ 为折旧率，假定各期折旧率相同；I_t 为以当期价格计价的投资额；P_t 为 t 期的价格指数。该式表明，当期资本存量是上期留存下来的资本存量与本期实际投资之和。

采用永续盘存法估算资本存量涉及四个变量的选取或确定：初始年份资本存量、折旧率、当年投资流量以及价格指数。以下分别从全国、区域和行业三个层面进行讨论。

1. 全国层面物质资本存量

（1）当年投资流量的确定。在各年《中国统计年鉴》当中，公布了资本形成总额数据，该指标反映了当年经济活动所形成的资本净额，包括固定资本形成和存货增加两个部分。固定资本形成反映了在当期或以往各期的投资在当期内形成的固定资本的价值；存货增加反映了报告期内所消耗的原材料、燃料和物资，以及生产的产成品、半成品等存货的价值变化，实际上是通常所说的流动资金部分。固定资本形成和存货增加均是资本存量形成中不可或缺的部分。本书将当年资本形成总额作为计算资本存量的投资流量，但形成资本存量的应当是资本形成总额的净额。由于固定资产使用时间较长，一般会存续于多个生产周期，固定资本应当取计算其折旧后的净额；存货增加主要反映了流动资本情况，一般会在一个生产周期内消耗使用，无须计算其折旧额。这样，当年资本形成数额是扣除掉固定资本折旧后的余额。

（2）价格指数的确定。在《中国国内生产总值核算历史资料（1952—2004）》中，有1952—2004年当年价格固定资本形成总额及可比价格的环比发展速度。经过换算，得到了1978年价格的固定资本形成总额数据，本书以此作为1978—2004年当年的实际投资额。同时，根据《中国统计年鉴（2013）》得到了2005—2012年当年价格的固定资本形成总额，需要将其换算成1978年价格，但没有相应的价格指数，与之相近的有固定资产投资环比价格指数。笔者采用以下方法进行构造：①由1978—2004年当年价格及可比价格的固定资本形成总额数据，得到1978年为基期的价格平减指数 Y；②将固定资产投资环比价格指数换算成1990年为基期的定基价格指数 X；③将1990—2004年区间 Y 与 X 回归，方程拟合优度为 0.9997，然后进行外推，得到2005—2012年间1978年价格的平减指数。这样就有了1978—2012年间1978年价格的固定资本形成总额的价格平减指数，用平减指数去除当年价格的固定资本形成总额，得到 1978 年价格的固定资本形成总额数据，这样就得到了式（7.7）的最后一项（I_t/P_t）。

（3）折旧率的设定。对于固定资产的折旧率，目前并没有一个合适的标准，现有研究成果对折旧率的设定可分为三类：①忽略折旧即将折旧率设定为 0，如张军、章元（2003），何枫等（2003）；②设定一个常数折旧率，如张军等（2004）将折旧率设定为 9.6%，王小鲁和樊纲（2000）、郭庆旺（2004；2005）将折旧率设为 5%；③不直接设定折旧率，而是通过其他方面间接确定折旧额，如 Holz（2006）设定资本品的平均服役年数为 14 年，从而确定了资产的年折旧额。李治国和唐国兴（2003）使用公式"折旧 = GDP - 国民收入 + 补贴 - 间接税"得到 1978—1993 年的折旧额，1994 年以后折旧额在统计资料中直接得到。孙琳琳和任若恩（2005）则在资本租赁价格的基础上估计我国的资本投入指数。

无论是哪一种方式，对折旧率或折旧额的确定或多或少均存在一定的主观因素，特别是我国的统计资料不完善，即使采用比较精细的方法也需要一些人为的假定前提。为简便起见，本书将测算资本存量的起始时间确定为 1978 年，固定资产的折旧率直接设定为 5%。

（4）初始资本存量的确定。本书主要对改革开放以来的经济增长状况进行实证研究，因此主要测算 1978—2012 年我国的物质资本存量，初始年份设定为 1978 年。对于初始存量的确定，现有文献有不同的方法，确定的数额也有较大差异，王绍光、胡鞍钢（1999）估算 1978 年我国资本存量为 5500 亿元。本书在此基础上，将 1978 年固定资本存量设定为 6000 亿元（1978 年价格），加上当年存货增加额得到当年资本存量数额。

经过以上的数据处理过程，测算资本存量的条件具备，测算出的全国层面资本存量数据见表 7-2。

表 7 - 2　　　　　　　　　　全国物质资本存量测算　　　　　　单位：亿元

年份	固定资本存量	存货增加	资本存量	年份	固定资本存量	存货增加	资本存量
1978	6000.00	304.00	6304.00	1996	33923.14	1151.38	35074.51
1979	6528.67	301.26	6829.93	1997	37939.67	1088.05	39027.72
1980	7132.01	261.50	7393.51	1998	42295.43	808.42	43103.85
1981	7651.15	272.48	7923.63	1999	46810.54	627.34	47437.88
1982	8237.91	256.40	8494.32	2000	51722.38	309.28	52031.66
1983	8926.87	278.20	9205.07	2001	57207.84	630.31	57838.15
1984	9844.95	318.54	10163.48	2002	63775.39	595.64	64371.03
1985	10962.75	629.75	11592.50	2003	72131.56	753.48	72885.04
1986	12187.41	615.89	12803.30	2004	81803.23	1170.91	82974.14
1987	13637.74	460.07	14097.81	2005	93543.39	870.36	94413.75
1988	15183.26	606.83	15790.09	2006	107085.92	1092.95	108178.87
1989	16184.38	1048.61	17232.99	2007	122125.21	1540.39	123665.60
1990	17176.09	975.21	18151.30	2008	138756.02	2361.04	141117.06
1991	18483.64	870.86	19354.50	2009	161009.14	1833.58	162842.72
1992	20389.50	667.08	21056.58	2010	185812.10	2280.34	188092.44
1993	23043.33	820.51	23863.84	2011	212370.73	2730.34	215101.07
1994	26271.78	909.12	27180.90	2012	241182.80	2351.84	243534.64
1995	29940.91	1173.68	31114.59	—	—	—	—

注：本表为 1978 年价格数据。

2. 区域层面物质资本存量测算

由于各个省区的资料齐备程度不同，经济发展差距较大，测算资本存量的各个变量变化也较大，所以与全国物质资本存量的测算相比，各省区资本存量的测算难度更大。测算各省区物质资本存量也采用永续盘存法，具体公式即为式（7.7），同样也涉及四个变量的选取或确定。

（1）当年投资流量的确定。与测算全国层面物质资本存量相同，选择资本形成总额作为当年投资流量。但限于各省区资料缺失较多，在测算资本存量时没有区分固定资本形成和存货增加，而是直接将资本形成总额按 5% 的折旧率进行折旧。同时，本章所涉及区域层面物质资本存量数据为 2003—2012 年，为了降低测算误差，确定的测算资本存量数据的起始年份为 1990 年。其中，1990—1992 年各省区固定资本形成总额数据来源于《新中国五十年统计资料汇编》；1993—2004 年数据来源于《中国国内生产总值核算历史资料（2004）》；2005—2012 年数据来源于 2006—2013 年《中国统计年鉴》。

（2）价格指数的确定。在《中国国内生产总值核算历史资料（1952—1995）》和《中国国内生产总值核算历史资料（1952—2004）》中，有 1990—2004 年资本形成总额及可比价格的环比发展速度。经过换算，得到了 1995 年价格的固定资本形成总额数据，以此作为相应年度的实际投资额。同时，根据《中国统计年鉴（2013）》得到了 2005—2012 年当年价格的固定资本形成总额，需要将其换算成 1978 年价格，但没有相应的价格指数，因此采用以下方法进行构造：①先将相应年度地区 GDP 数额折算成 1995 年价格；②按照各地区的资本形成率，乘以 1995 年价格的地区 GDP 即得到可比价格的资本形成总额数据。

（3）折旧率的设定。与测算全国物质资本存量时相同，本书直接设定各省区折旧率，为简便起见，将各省区折旧率统一设定为 5%。

（4）初始资本存量的确定。前文已经说明，为了降低资本存量的测算误差，本书将区域层面资本存量测算的初始年份定为 1990 年，设定为当年资本形成总额的 3 倍。其中，由于西藏数据缺失较多，将其剔除；鉴于数据情况，重庆市的初始年份设定为 1993 年。

经过以上的数据处理过程，测算资本存量的条件具备，测算出的各地区资本存量数据见附表 2。

3. 行业层面物质资本存量的测算

行业层面物质资本存量的测算仍采用永续盘存法，但由于我国行业层面的数据较缺乏，测算所需的数据必须采用一定的方法进行估算确定。笔者经过查阅各种统计资料，在《中国统计年鉴》中工业部分，得到了大中型工业企业分行业固定资产原价和固定资产净值年平均余额指标。《中国统计年鉴》关于这两个指标的解释为："固定资产原价指企业在建造、购置、安装、改建、扩建、技术改造某项固定资产时所支出的全部货币总额。它一般包括买价、包装费、运杂费和安装费等。""固定资产净值年平均余额指固定资产净值在报告期内余额的平均数。固定资产净值指固定资产原价减去历年已提折旧额后的净额。计算公式为固定资产净值＝固定资产原价－累计折旧"。笔者认为，固定资产净值年平均余额实际上就是各行业年度固定资产存量的平均值，并且已经扣除掉了折旧。只是由于企业会计核算对固定资产按成本计价，没有进行价格缩减。[①] 但每年固定资产净值的增量应当是当年新形成的固定资产净值，应适用于当年的固定资产投资价格指数缩减。因此，本书对各行业物质资本存量经过以下步骤测算：(1) 限于资料，将基期定于 1999 年；(2) 将 1999 年固定资产净值年平均余额直接确定为当年物质资本存量额；(3) 计算出各年固定资产净值年平均余额的增量，用当年固定资产投资价格指数（1999 年价格）平减，得到 1999 年不变价资本存量的增量；(4) 用上年末资本存量额加上当年新增资本存量，得到当年资本存量额。计算得到的33 个工业行业固定资本存量数据见附表 9。

　　（三）劳动投入

　　理论上讲，劳动投入数据应当是一定时期内劳动要素提供的服务流量，并要考虑要素的利用效率和质量。在发达的市场经济国家，比较恰当的指标是劳动报酬，它能够比较好地反映劳动投入量的变化。但在我国，市场经济还不完善，收入分配机制不尽合理，劳动报酬并不能反映相关投入量情况。因此，在全要素生产率的研究成果中，多以历年就业人数作为劳动投入指标，如张军、施少华（2003），郭庆旺、贾俊雪（2004），孙敬水（1996），沈坤荣（1997）等。仅有少数研究者如李京文等（1996）、孙琳琳和任若恩（2005）等对劳动投入的测算稍显精细。鉴于测算劳动服务流量的复杂性，本书直接使用就业人数作为劳动投入指标，数据直接来源于各年《中国统计年鉴》。限于篇幅，本书仅列出全国层面就业人员数量（见表 7-3），以及地区及行业层面数据（见附表 3 和附表 10）。

---

　　①　由于并不清楚固定资产的形成时间，实际上也没有合适的价格指数可使用。

表 7 - 3　　　　　　　我国 1978—2012 年就业人员数量　　　　单位：万人

年份	就业人员	年份	就业人员	年份	就业人员
1978	40152	1990	64749	2002	73740
1979	41024	1991	65491	2003	74432
1980	42361	1992	66152	2004	75200
1981	43725	1993	66808	2005	75825
1982	45295	1994	67455	2006	76400
1983	46436	1995	68065	2007	76990
1984	48197	1996	68950	2008	75564
1985	49873	1997	69820	2009	75828
1986	51282	1998	70637	2010	76105
1987	52783	1999	71394	2011	76420
1988	54334	2000	72085	2012	76704
1989	55329	2001	73025	—	—

（四）R&D 人员

本书还将 R&D 人员全时工作当量数据作为 R&D 人力资本的衡量引入到模型当中。这样做是基于两方面考虑：一方面，R&D 人员是就业人员中最具创造力的部分，其投入水平可以反映创新人力资源状况；另一方面，在现有研究 R&D 与经济增长的文献中，大多考虑 R&D 经费投入对经济增长的影响，而忽略 R&D 人员投入。本书将 R&D 人员视为人力资本水平，也兼顾了对 R&D 人员投入的考虑。另外，R&D 人员全时工作当量数据是当年实际投入到 R&D 活动中的，以工作时间来表示的投入数量，也较符合生产函数的要求。R&D 人员全时工作当量数据直接来源于《中国统计年鉴》。限于篇幅，仅列出全国层面 R&D 人员全时工作当量数据（见表 7 - 4），以及地区及行业 R&D 人员全时工作当量数据（见附表 4 和附表 11）。

表 7-4　　　　　　全国 R&D 人员全时工作当量　　　单位：万人·年

年份	R&D 人员全时工作当量	年份	R&D 人员全时工作当量
1991	67.05	2002	103.51
1992	67.43	2003	109.48
1993	69.78	2004	115.26
1994	78.32	2005	136.48
1995	75.17	2006	150.25
1996	80.40	2007	173.62
1997	83.12	2008	196.54
1998	75.52	2009	229.13
1999	82.17	2010	255.38
2000	92.21	2011	288.29
2001	95.65	2012	324.68

（五）制度变量

在各种影响经济增长的制度因素中，产权制度无疑是最重要的方面，本书以国有及国有控股企业工业总产值占全部工业总产值的比重来代表制度变量。其中，全国层面 1978—2003 年数据来源于《新中国 55 年统计资料汇编》，2004 年及以后数据来源于国家统计局数据库；区域及行业层面数据来源于《中国统计年鉴》。全国层面国有及国有控股企业工业总产值所占全部工业总产值的比重见表 7-5，地区及行业层面数据分别见附表 5 和附表 12。

表 7-5　国有及国有控股企业工业总产值占全部工业总产值的比重　单位:%

年份	比重	年份	比重	年份	比重
1978	77.63	1984	69.09	1990	54.61
1979	78.48	1985	64.86	1991	56.17
1980	75.97	1986	62.28	1992	51.52
1981	74.76	1987	59.73	1993	46.95
1982	74.45	1988	56.80	1994	37.34
1983	73.35	1989	56.06	1995	33.97

年份	比重	年份	比重	年份	比重
1996	36. 32	2002	40. 78	2008	28. 37
1997	31. 62	2003	37. 54	2009	26. 74
1998	49. 63	2004	34. 81	2010	26. 61
1999	48. 92	2005	33. 28	2011	26. 18
2000	47. 34	2006	31. 24	2012	25. 88
2001	44. 43	2007	29. 54	—	—

（六）结构变量

经济增长过程中的结构变化可以体现在产业结构、收入与分配结构等方面，产业结构是其中最主要的方面，本书以第二、第三产业在国内生产总值中的比重代表产业结构的变化，全国、区域及行业层面相关数据均来源于《中国统计年鉴》。全国层面第二、第三产业所占比重（见表7-6），地区层面数据见附表6。

表7-6　　　　　　第二、第三产业占国内生产总值的比重　　　　单位:%

年份	比重	年份	比重	年份	比重
1978	71. 81	1990	72. 89	2002	86. 26
1979	68. 73	1991	75. 47	2003	87. 20
1980	69. 83	1992	78. 20	2004	86. 61
1981	68. 12	1993	80. 29	2005	87. 80
1982	66. 61	1994	80. 14	2006	88. 70
1983	66. 82	1995	80. 04	2007	88. 70
1984	67. 87	1996	80. 31	2008	89. 27
1985	71. 56	1997	81. 71	2009	89. 67
1986	72. 86	1998	82. 44	2010	89. 90
1987	73. 19	1999	83. 43	2011	89. 96
1988	74. 30	2000	84. 94	2012	89. 91
1989	74. 89	2001	85. 51	—	—

第三节　R&D 与经济增长关系的实证分析

基于上述实证模型及数据测算结果，本节分别从全国层面、区域层面及行业层面，就 R&D 与经济增长的关系进行实证研究。

一　R&D 与经济增长——全国层面分析

（一）模型设定

基于前述理论框架，设生产函数为 C—D 生产函数形式，假定规模报酬不变，采用式（7.6）的计量模型。但鉴于我国自 1991 年起才公布 R&D 人员全时工作当量数据，且难以通过其他相关数据进行推算，因此，在全国层面的计量模型中不考虑 R&D 人员的作用，这样得到如下具体实证模型：

$$\ln y_t = \ln A + \alpha \ln k_t + \gamma_1 \ln RZ_t + \gamma_2 \ln S_t + \gamma_3 \ln J_t + \varepsilon_t \tag{7.8}$$

式中，t(=1978，1981，…，2012) 代表第 t 年。

（二）实证结果分析

实证模型的结果见表 7 – 7。

总体上看，各个模型的拟合效果均较好，F 检验高度显著，R^2 均较高。通过比较各个模型的回归结果，可以看出：

（1）从各个变量看，物质资本对产出的贡献均较高，弹性值最高达 0.86，最低为 0.52，表明现阶段物质资本投入仍是经济增长主要的推动力。

（2）在模型三和模型五中，第二、第三产业增加值与经济增长呈正相关关系，第二、第三产业增加值比重每提高 1%，产出增长 0.88%—1.13%。表明改革开放以来，产业结构变动对经济增长也起着重要作用。

（3）在模型四和模型五中，国有及国有控股企业工业总产值所占比重与经济增长有明显的负向作用，国有及国有控股企业工业总产值所占比重每下降 1%，会导致产出增长 0.10%—0.15%。这与改革开放的不断深化密切相关，表明改革开放以来的产权改革也是经济增长的重要推动力之一。

表7-7　　　　　　　　　　全国层面模型的回归结果

解释变量	模型一	模型二	模型三	模型四	模型五
lnk	0.862176 (0.0000)	0.515821 (0.0003)	0.801663 (0.0000)	0.601693 (0.0000)	0.690843 (0.0000)
lnRZ（-1）	— (—)	0.252786 (0.0096)	-0.051660 (0.4787)	0.148595 (0.1362)	-0.001307 (0.9858)
lnJ	— (—)	— (—)	0.885959 (0.0021)	— (—)	1.128201 (0.0000)
lnS	— (—)	— (—)	— (—)	-0.149205 (0.0326)	-0.108607 (0.0278)
C	-0.717436 (0.0000)	-2.237524 (0.0006)	-4.285793 (0.0009)	-1.236000 (0.1477)	-5.331955 (0.0000)
R^2	0.994388	0.995828	0.999373	0.996488	0.998368
调整后 R^2	0.994213	0.995530	0.999272	0.996098	0.998117
F 统计量	5670.428	3341.517	9958.474	2553.839	3976.012
P 值	0.000000	0.000000	0.000000	0.000000	0.000000

注：括号内为相应系数的 P 值，以下各表相同。

（4）就 R&D 的作用来看，在仅考虑物质资本投入与 R&D 资本存量时，两者对产出增长均有明显的促进作用，如模型二。在模型二基础上，增加产业结构或国有及国有控股经济比重变量时，R&D 资本存量的作用变得不显著，如模型三和模型四；当同时增加这两个变量时，R&D 资本存量对经济增长的作用仍不显著，如模型五。笔者认为，这与现阶段我国产业技术水平特征密切相关。改革开放以来，虽然我国的技术水平在不断提升，但与国外先进水平仍存在较大的差距。现阶段我国 R&D 投入主要在于对先进技术的消化吸收上，R&D

支出表现出的消耗性特征更明显，对产出增长的作用并不显著。

以上分析表明，改革开放以来，资本和劳动投入、制度变迁和结构调整均对我国经济增长起到了重要作用；R&D 资本投入对经济增长的作用并不显著，并在某种程度上呈现出一种弱负向作用。

二　R&D 与经济增长——区域层面分析

对于区域 R&D 与经济增长的作用分析，本书采用面板数据进行分析。由于西藏数据缺失较多，将西藏剔除；另外，区域层面 R&D 投入数据从 1998 年才开始公布，因此本书仅对中国大陆 30 个省（市、区）2003—2012 年 R&D 与经济增长的面板数据进行研究。

（一）实证模型设定

基于前述理论框架，区域层面的生产函数仍采用 C—D 生产函数形式。考虑到各省份的个体特征差异性较大，因此放松规模报酬不变的假定，即允许规模报酬递增。具体实证模型形式为：

$$\ln Y_{it} = \ln A_{it} + \alpha \ln K_{it} + \beta \ln L_{it} + \gamma_1 \ln RZ_{it} + \gamma_2 \ln RR_{it} + \gamma_3 \ln S_{it}$$
$$+ \gamma_4 \ln J_t + \varepsilon_t \tag{7.9}$$

或

$$\ln y_{it} = \ln A_{it} + \alpha \ln k_{it} + \gamma_1 \ln RZ_{it} + \gamma_2 \ln RR_{it} + \gamma_3 \ln S_{it} + \gamma_4 \ln J_t + \varepsilon_t \tag{7.10}$$

在具体实证中，先采用 Wald 统计量检验物质资本和劳动的规模报酬情况，若 $\alpha + \beta \neq 1$，则采用方程式（7.9）；若 $\alpha + \beta - 1$，则采用方程式（7.10）。

对于面板数据模型，还涉及模型固定效应和随机效应的选择问题。由于本书仅对所涉及省区的样本自身效应进行研究，所以直接采用固定效应模型进行实证分析。并且，考虑到截面之间可能存在的异方差问题，本书对截面数据进行了加权处理以调整异方差。

（二）实证结果分析

在区域层面，本书从两个角度进行研究，首先从总体上研究 30 个省（市、区）R&D 与经济增长的关系；其次分东、中、西部三个区域分别研究区域内部各个省份 R&D 与经济增长的作用，以考察各区域之间的不同特征。

在具体实证研究时，首先采用 Wald 统计量来检验物质资本和劳动的规模报酬情况，即检验是否成立。就检验结果看，在全部省区及东部、西部地区的检验中，均支持了规模报酬可变的假设；中部地区则呈现规模报酬不变的特点。

（1）全部省市区的回归结果。从区域全部样本看，涉及全国30个省市区10年共300个样本数据。模型的回归结果见表7-8。

表7-8　　　　　　　　　全部省区数据的回归结果

解释变量	模型一	模型二	模型三	模型四	模型五	模型六
lnK	0.954805 (0.0000)	0.909586 (0.0000)	0.968361 (0.0000)	0.612788 (0.0000)	0.612574 (0.0000)	0.844065 (0.0000)
lnL	0.157021 (0.0000)	0.157493 (0.0000)	0.121667 (0.0000)	0.089387 (0.0030)	0.089538 (0.0031)	0.162873 (0.0000)
lnRZ（-1）	— (—)	0.035190 (0.0024)	0.029634 (0.2009)	0.142644 (0.0000)	0.142652 (0.0000)	0.052652 (0.0000)
lnRR	— (—)	— (—)	0.000238 (0.9938)	0.005289 (0.7556)	0.005172 (0.7623)	— (—)
lnJ	— (—)	— (—)	— (—)	0.729855 (0.9001)	0.720484 (0.8015)	— (—)
lnS	— (—)	— (—)	— (—)	— (—)	-0.001978 (0.9392)	-0.094970 (0.0000)
C	-1.917610 (0.0000)	-1.654692 (0.0000)	-1.934931 (0.0000)	-2.031105 (0.0158)	-1.980906 (0.0002)	-0.792354 (0.0001)
R^2	0.985364	0.985444	0.988330	0.998713	0.998713	0.986757
调整后 R^2	0.985265	0.985280	0.987785	0.998527	0.998521	0.986557
F 统计量	9997.506	6002.783	1813.777	5363.943	5188.644	4936.488
P 值	0.000000	0.000000	0.000000	0.000000	0.000000	0.000000

总体上看，各个模型的拟合效果均较好，F 检验高度显著，R^2 均较高。通过比较各个模型的回归结果，可以看出：

①从各个变量看，资本对产出的贡献均最高，弹性值最高达0.97，最低为0.61，表明现阶段资本投入仍是区域经济增长最主要的

推动力；劳动力投入对产出也有显著的正向作用，但远小于资本的作用。

②如模型五和模型六所示，所有制结构变动对经济增长也起着重要作用，但方向为负，即国有及国有控股企业工业总产值降低会促进产出增长，这与我国改革开放过程的实际经验是一致的。另外，产业结构变动对产出没有明显影响，在涉及产业结构变动的模型四和模型五中，产业结构变量均不显著。由于本书在区域层面的时序数据范围为2003—2012年，仅为10年，与改革开放的前20年相比，这段时间内产业结构的变动不大，由结构调整引致的增长作用十分有限。

③模型二至模型六显示，R&D资本对产出增长有明显的促进作用且较稳定，各年的弹性值为0.03—0.14。与R&D资本相比，R&D人员对产出没有明显影响，在涉及R&D人员的模型三至模型五中，R&D人员的作用均不显著。

④剔除掉不显著的R&D人员和产业结构变量后，模型的最终形式如模型六所示，表明从省区层面的全部样本看，物质资本投入、劳动投入、R&D资本投入和所有制结构的变动是影响区域层面经济增长的最主要因素。

（2）东部地区回归结果。从东部地区样本看，涉及11个省市10年共110个样本数据。模型的回归结果见表7-9。

表7-9　　　　　　　　东部地区模型的回归结果

解释变量	模型一	模型二	模型三	模型四	模型五	模型六
lnK	0.955459 (0.0000)	0.935476 (0.0000)	0.953706 (0.0000)	0.616378 (0.0000)	0.847399 (0.0000)	0.881114 (0.0000)
lnL	0.115928 (0.0000)	0.123011 (0.0000)	0.101045 (0.0016)	0.079446 (0.0229)	0.183040 (0.0000)	0.142568 (0.0000)
lnRZ（-1）	— (—)	0.007872 (0.6632)	-0.046744 (0.2551)	0.149929 (0.4736)	0.052288 (0.3326)	— (—)
lnRR	— (—)	— (—)	0.059616 (0.1399)	-0.006866 (0.7609)	-0.000325 (0.9721)	— (—)

续表

解释变量	模型一	模型二	模型三	模型四	模型五	模型六
lnJ	—	—	—	1.066914	0.888236	0.456793
	(—)	(—)	(—)	(0.0011)	(0.0022)	(0.0033)
lnS	—	—	—	—	-0.080920	-0.059475
	(—)	(—)	(—)	(—)	(0.0489)	(0.0080)
C	-1.557807	-1.449943	-1.281002	-3.432883	-4.821471	-2.862879
	(0.0000)	(0.0000)	(0.0000)	(0.0118)	(0.0004)	(0.0000)
R^2	0.989710	0.989616	0.989855	0.998891	0.991143	0.990828
调整后 R^2	0.989518	0.989288	0.989424	0.998690	0.990566	0.990479
F 统计量	5145.847	3017.989	2292.020	4983.389	1715.949	2835.718
P 值	0.000000	0.000000	0.000000	0.000000	0.000000	0.000000

总体上看,各个模型的拟合效果均较好,F 检验高度显著,R^2 均较高。通过比较各个模型的回归结果,可以看出:

①从各个模型的结果看,资本仍然是对产出贡献最大的变量;劳动投入对产出也有较强的促进作用,但远小于资本的作用。

②模型四至模型五显示,产业结构调整对产出增长有较明显的正向作用。模型五至模型六显示国有及国有控股企业工业总产值所占比重对产出增长有负向作用。

③模型二至模型五显示,R&D 资本和 R&D 人员对产出没有明显影响,在引入产业结构变量和国有及国有控股企业工业总产值比重变量前后,二者的回归系数均没有通过显著性检验;将二者剔除后,如模型六,回归效果较好,表明对东部地区经济增长影响最主要的因素为物质资本投入、劳动力投入、产业结构调整和所有制结构变动。

(3) 中部地区回归结果。从中部地区样本看,涉及 8 个省 10 年共 80 个样本数据。模型的回归结果见表 7 - 10。

表 7 – 10   中部地区模型的回归结果

解释变量	模型一	模型二	模型三	模型四	模型五	模型六
lnK/L	0.803571	0.784686	0.769347	0.802798	0.746416	0.833105
	(0.0000)	(0.0000)	(0.0000)	(0.0000)	(0.0000)	(0.0000)
lnRZ（-1）	—	-0.022867	-0.106005	-0.073045	-0.128779	-0.176802
	(—)	(0.3004)	(0.0440)	(0.0257)	(0.0280)	(0.0210)
lnRR	—	—	-0.112622	-0.079077	-0.081340	—
	(—)	(—)	(0.0810)	(0.2661)	(0.5922)	(—)
lnJ	—	—	—	-0.421809	-0.194654	-0.621934
	(—)	(—)	(—)	(0.0278)	(0.0922)	0.0099
lnS	—	—	—	—	-0.139697	—
	(—)	(—)	(—)	(—)	(0.5927)	(—)
C	-0.729498	-0.800224	-1.008779	-0.913648	-0.781574	-0.890254
	(0.0000)	(0.0000)	(0.0000)	(0.6062)	(0.6465)	(0.2994)
R^2	0.987379	0.933312	0.936254	0.999645	0.947445	0.938539
调整后 R^2	0.985957	0.931379	0.933441	0.999536	0.943464	0.927272
F 统计量	694.3367	482.8347	332.9089	9108.060	237.9673	83.29419
P 值	0.000000	0.000000	0.000000	0.000000	0.000000	0.000000

　　总体上看，各个模型的拟合效果均较好，F 检验高度显著，R^2 均较高。通过比较各个模型的回归结果，可以看出：

　　①从各模型的回归结果看，物质资本仍然是对产出贡献最大的变量，劳动投入对产出也有较强的促进作用，但小于物质资本的作用。

　　②模型四至模型六显示产业结构调整对产出具有一个明显的负向作用。笔者通过分析原始数据，认为造成这个现象的原因有两个方面：第一，2003—2012 年的 10 年间，中部地区产业结构变动已不大，第二、第三产业增加值占 GDP 的比重提升速度远小于改革开放前 20 年，由结构调整引致的产业增长已很有限了；第二，进入 21 世纪后，中部地区产业结构有一个反弹过程，2003 年中部地区各省份第二、第三产业增加值从一个高点开始有所回落，直至 2006 年才达到或超过 2003 年水平。

③模型五显示，虽然国有及国有控股企业工业总产值比重下降对产出增长有促进作用，但这种影响并不显著；这可能与近 10 年来中部地区国有产权改革速度的放慢有关。改革开放的前 20 年，国有产权制度改革已经进行到一定的程度，近年来国有及国有控股企业工业总产值所占比重下降空间已经很有限了；加之中部地区近年的改革速度趋缓，制度改革对产出的影响并不显著。

④模型二至模型六均显示，R&D 资本对产出有一个明显的负向影响；R&D 人员则对产出没有明显影响。

⑤将不显著的变量 R&D 人员和所有制结构剔除后的模型六表明，物质资本的劳动投入、R&D 资本和产业结构变动是影响产出的最重要因素，但后两者具有明显的负向作用。

（4）西部地区回归结果。西部地区模型的回归结果见表 7 – 11。

总体上看，各个模型的拟合效果均较好，F 检验高度显著，R^2 均较高。通过比较各个模型的回归结果，可以看出：

①从各个变量看，物质资本仍然是对产出贡献最大的变量，劳动投入对产出的作用并不显著。

②产业结构调整及国有及国有控股企业工业总产值所占比重的变化对产出没有明显影响。

表 7 – 11　　　　　　　　　西部地区模型的回归结果

解释变量	模型一	模型二	模型三	模型四	模型五	模型六
lnK	0. 533602	0. 727170	0. 742082	0. 754829	0. 340279	0. 390222
	(0. 0000)	(0. 0000)	(0. 0000)	(0. 0000)	(0. 0000)	(0. 0000)
lnL	– 0. 048306	– 0. 031421	– 0. 010317	– 0. 026313	0. 004863	—
	(0. 4690)	(0. 6941)	(0. 8977)	(0. 7499)	(0. 9339)	(—)
lnRZ（– 1）	—	0. 099289	0. 124553	0. 135966	0. 097921	0. 068394
	(—)	(0. 0215)	(0. 0068)	(0. 0048)	(0. 0032)	(0. 0004)
lnRR	—	—	– 0. 072086	– 0. 082178	– 0. 121888	—
	(—)	(—)	(0. 1165)	(0. 3840)	(0. 2003)	(—)
lnJ	—	—	—	– 0. 340833	– 0. 329273	—
	(—)	(—)	(—)	(0. 3901)	(0. 3269)	(—)

续表

解释变量	模型一	模型二	模型三	模型四	模型五	模型六
lnS	—	—	—	—	-0.224189	—
	(—)	(—)	(—)	(—)	(0.2329)	(—)
C	3.357328	1.070512	0.720554	2.194536	6.812918	4.076088
	(0.0000)	(0.1084)	(0.2465)	(0.2366)	(0.0000)	(0.0000)
R^2	0.998775	0.998219	0.998271	0.998286	0.999361	0.998977
调整后 R^2	0.998483	0.997946	0.997982	0.997976	0.999154	0.998714
F 统计量	3417.893	3664.300	3463.425	3222.817	4824.531	3804.451
P 值	0.000000	0.000000	0.000000	0.000000	0.000000	0.000000

③R&D 资本存量对产出有明显的促进作用，但要小于资本和劳动的贡献；R&D 人员则对产出没有明显影响。

④将不显著的变量剔除后的模型六表明，物质资本、R&D 资本投入是影响产出的最主要因素。

（5）结论。在区域层面，本书对全部 30 个省市区样本数据以及分东、中、西部三个地区的样本数据进行了实证研究，可以概括出以下结论：

①无论是全部样本还是分区域样本，均表明资本和劳动投入是经济增长的最主要推动力。

②产业结构调整对不同层面的产出影响并不一致，全部样本与西部地区的回归结果表明，产业结构调整对产出增长没有显著影响；但东部地区产业结构调整对产出有明显的正向促进作用，中部地区则是反向作用。

③在制度因素影响方面，全国与东部地区的结果表明，国有及国有控股企业工业总产值所占比重的下降对产出有明显的正向促进作用；中西部地区的影响并不显著。

④就 R&D 的作用看，各层面的回归结果均表明，R&D 人员对产出没有显著影响。R&D 资本存量的作用则表现不一，全国与西部地

区的回归结果支持了 R&D 对产出的促进作用；东部地区 R&D 资本对产出的作用并不明显；中部地区 R&D 投入对产出则有明显的负向作用。

三 R&D 与经济增长——行业层面分析

（一）实证模型设定

与区域层面实证模型类似，在行业层面也采用面板数据进行分析，涉及大中型工业企业的 33 个行业 2003—2012 年的数据。设生产函数为 C—D 形式，若规模报酬可变，即 $\alpha+\beta\neq1$，则估计模型为：

$$\ln Y_{it} = \ln A_{it} + \alpha\ln K_{it} + \beta\ln L_{it} + \gamma_1\ln RZ_{it} + \gamma_2\ln RR_{it} + \varepsilon_t \qquad (7.10)$$

其中，$i=1$，2，$\cdots$，33；$t=2003$，$\cdots$，2012。

若规模报酬不变，即 $\alpha+\beta=1$，则采用下面的方程形式：

$$\ln y_{it} = \ln A_{it} + \alpha\ln k_{it} + \gamma_1\ln RZ_{it} + \gamma_2\ln RR_{it} + \varepsilon_t \qquad (7.11)$$

在行业层面，引入代表制度的变量 S，这样最终确定的实证模型为：

$$\ln Y_{it} = \ln A_{it} + \alpha\ln K_{it} + \beta\ln L_{it} + \gamma_1\ln RZ_{it} + \gamma_2\ln RR_{it} + \gamma_3\ln S_{it} + \varepsilon_t \qquad (7.12)$$

或

$$\ln y_{it} = \ln A_{it} + \alpha\ln k_{it} + \gamma_1\ln RZ_{it} + \gamma_2\ln RR_{it} + \gamma_3\ln S_{it} + \varepsilon_t \qquad (7.13)$$

对于面板数据模型的具体形式，仍采用固定效应变截距模型进行分析。

（二）实证结果分析

在行业层面，本书从三个角度进行研究：首先，从总体上研究 33 个行业 R&D 与经济增长的关系；其次，将全部行业按 R&D 资本存量的高低分成两类，研究 R&D 与经济增长的关系；最后，将全部行业按国有及国有控股企业工业总产值所占比重高低分成两类，研究 R&D 与经济增长的关系。在具体实证研究时，仍然采用 Wald 统计量来检验物质资本和劳动的规模报酬情况。

（1）全部行业的回归结果。工业企业行业大类共有 39 个，其中，其他采矿业、废弃资源和废旧材料回收加工业、工艺品及其他制造业 3 个行业的部分年份数据缺失；另外，考虑到电力、热力的生产和供应业，燃气生产和供应业，水的生产和供应业 3 个行业垄断性较强，市场化特征不明显，因此本书在对工业行业进行研究时，将这 6 个行业剔除，仅对其余 33 个行业的 R&D 与经济增长的关系进行研究，各行业具体数据情况见附表 7 - 12。

表 7 - 12 33 个行业的模型回归结果

解释变量	模型一	模型二	模型三	模型四
lnK	0.703849 (0.0000)	0.312541 (0.0000)	0.331157 (0.0000)	0.368084 (0.0000)
lnL	0.874054 (0.0000)	0.774399 (0.0000)	0.580131 (0.0000)	0.560861 (0.0000)
lnRZ（-1）	— (—)	0.282325 (0.0000)	0.207838 (0.0000)	0.167431 (0.0000)
lnRR	— (—)	— (—)	0.145694 (0.0000)	0.130310 (0.0000)
lnS	— (—)	— (—)	— (—)	-0.134618 (0.0000)
C	-0.685584 (0.0000)	1.510458 (0.0000)	1.151881 (0.0000)	1.610042 (0.0000)
R^2	0.984549	0.991187	0.991953	0.992304
调整后 R^2	0.982768	0.990005	0.990839	0.991204
F 统计量	552.8804	838.7100	890.2699	902.5179
P 值	0.000000	0.000000	0.000000	0.000000

总体上看，各个模型的拟合效果均较好，F 检验高度显著，R^2 均较高。通过比较各个模型的回归结果，可以看出：

①从各个模型的回归结果看，物质资本和劳动投入是影响产出的最主要因素。

②从制度变量来看，国有及国有控股企业工业总产值所占比重与产出存在明显的负向关系，即国有及国有控股企业工业总产值所占比重越低，产出水平越高，这与改革开放以来经济政策的变动密切

相关。

③就 R&D 投入的作用看，R&D 资本存量和 R&D 人员对产出均有显著的促进作用，但要小于物质资本和劳动的贡献。总体上看，R&D 投入对工业企业产出具有显著的增长效应。

（2）按 R&D 资本存量高低分类的行业 R&D 资本存量对产出的影响。为了进一步研究 R&D 资本存量较高行业与较低行业 R&D 活动特点，本书将 33 个行业按照 R&D 资本存量高低不同分成两类：第一类为 R&D 资本存量占全部行业 R&D 资本存量比重超过 2% 的行业，共有 12 个；第二类则为 R&D 资本存量占全部行业 R&D 资本存量的比重低于 2% 的行业，共有 21 个。① 经检验，采用规模报酬可变模型对这两类行业进行实证分析（见表 7 – 13 和表 7 – 14）。

结果分析：

①R&D 资本存量较高行业的模型回归结果表明，除模型一外，物质资本投入对产出的影响在 5% 的显著性水平下并不显著，模型四也仅在 10% 的水平下显著；而 R&D 资本存量较低的行业的物质资本投

表 7 – 13　　　　　R&D 资本存量较高行业的模型回归结果

解释变量	模型一	模型二	模型三	模型四
lnK	0.865861 (0.0000)	0.227833 (0.2607)	0.046324 (0.7523)	0.252576 (0.0604)
lnL	0.399268 (0.0005)	0.973582 (0.0000)	0.213076 (0.0960)	0.794896 (0.0000)
lnRZ （－1）	— (—)	0.267246 (0.0000)	0.022156 (0.3314)	0.123800 (0.0031)

---

① R&D 资本存量较高的 12 个行业包括：煤炭开采和洗选业（H1），石油和天然气开采业（H2），纺织业（H10），化学原料及化学制品制造业（H19），医药制造业（H20），非金属矿物制品业（H24），黑色金属冶炼及压延加工业（H25），通用设备制造业（H28），专用设备制造业（H29），交通运输设备制造业（H30），电气机械及器材制造业（H31），通信设备、计算机及其他电子设备制造业（H32）。其余 21 个行业为 R&D 资本存量较低行业，详细行业名称及代码参见附表 7。

续表

解释变量	模型一	模型二	模型三	模型四
lnRR	—	—	0.049519	0.313112
	(—)	(—)	(0.5814)	(0.3624)
lnS	—	—	—	-0.103702
	(—)	(—)	(—)	(0.0551)
C	0.391193	0.957622	0.385103	0.318700
	(0.1283)	(0.0001)	(0.0000)	(0.5959)
R²	0.977180	0.961917	0.997170	0.992513
调整后 R²	0.974246	0.960237	0.995843	0.990990
F 统计量	333.0541	572.5245	751.6892	651.7577
P 值	0.000000	0.000000	0.000000	0.000000

表 7-14　R&D 资本存量较低行业的模型回归结果

解释变量	模型五	模型六	模型七	模型八
lnK	0.636878	0.294217	0.308280	0.349189
	(0.0000)	(0.0000)	(0.0000)	(0.0000)
lnL	0.967638	0.803467	0.598790	0.579556
	(0.0000)	(0.0000)	(0.0000)	(0.0000)
lnRZ (-1)	—	0.264032	0.193594	0.147934
	(—)	(0.0000)	(0.0011)	(0.0004)
lnRR	—	—	0.147702	0.133412
	(—)	(—)	(0.0000)	(0.0001)
lnS	—	—	—	-0.144405
	(—)	(—)	(—)	(0.0014)
C	-0.574678	1.645338	1.317247	1.728269
	(0.0019)	(0.0000)	(0.0001)	(0.0000)
R²	0.974394	0.984323	0.985802	0.986532
调整后 R²	0.971409	0.982174	0.983774	0.984529
F 统计量	326.3815	458.1048	486.0210	492.5437
P 值	0.000000	0.000000	0.000000	0.000000

入在各个模型中均在1%的显著性水平下显著。对各行业物质资本存量数据分析可知，R&D 资本存量较高的行业同时也是物质资本存量

较高的行业，2012 年这 12 个行业物质资本存量占全部 33 个行业的比重为 72.24%，是物质资本投入相对充裕的行业。由于边际收益递减作用，新增物质资本投入对产出的影响不明显。而 R&D 资本存量较低的行业同时也是物质资本存量较低的行业，物质资本投入仍然在这些行业中处于相对紧缺状态，新增资本投入对这些行业的产出有重要影响。模型四至模型八中物质资本的系数（在 1% 的显著性水平下显著）也表明了这一点。

就劳动投入的作用看，无论是 R&D 资本存量高的行业还是 R&D 资本存量低的行业，劳动投入对产出均有显著的正向影响。

②模型四和模型八表明，国有及国有控股企业工业总产值所占比重与产出增长具有显著的负向作用，但 R&D 资本存量较低行业的显著性水平更高。经分析两类行业的数据发现，R&D 资本存量较高的行业中国有及国有控股企业工业总产值所占比重也越高，2012 年 12 个 R&D 资本存量较高的行业的国有及国有控股企业工业总产值所占比重平均在 32% 以上；而 R&D 资本存量较低行业则不足 16%。同时，2003—2012 年，R&D 资本存量较高的行业的国有及国有控股企业工业总产值比重平均下降 33.63%，R&D 资本存量较低的行业平均下降 37.25%。可见，R&D 资本存量较低的行业改革的力度和深度均高于 R&D 资本存量较高的行业，这也是制度因素在 R&D 资本存量较低行业具有更加显著作用的重要原因。

③就 R&D 资本存量的作用看，两类行业 R&D 资本存量对产出均有显著的促进作用，对于 R&D 资本存量较高的行业，R&D 资本的作用甚至高于物质资本。R&D 资本存量较高的行业多是技术密集型行业，需要投入大量的研发资金用于新产品和新技术的开发和应用，才能保证行业的领先地位。在这些行业中，R&D 活动具有十分突出的地位，往往是决定企业生存发展的关键因素之一，因此，这些行业 R&D 经费的作用较突出。对于 R&D 资本存量较低的行业，虽然 R&D 资本存量的弹性小于物质资本，但弹性系数的高度显著性也足以说明 R&D 对产出的重要作用。

R&D 人员在两类行业中的作用明显不同。在 R&D 资本存量较高的行业中，R&D 人员对产出影响的方向不确定且高度不显著。这可能是由于在 R&D 资本存量较高的行业中，R&D 人员供应充足，投入了较多的 R&D 人员从事研发活动，会在一定程度上造成"拥挤"现象，反而导致作用下降。在 R&D 资本存量较低的行业中，R&D 人员虽然相对较少，但与其他资源相适应，因而具有较明显的正向作用。

（3）按国有及国有控股企业工业总产值所占比重分类的行业 R&D 资本存量对产出的影响。本书还按照国有及国有控股企业工业总产值将 33 个行业分成两类：第一类为国有及国有控股企业工业总产值占全部行业工业总产值较高的行业，该比重超过 34%，共有 9 个行业；第二类为国有及国有控股企业工业总产值比重较低的行业，共有 24 个行业。① 经检验，采用规模报酬可变模型对这两类行业进行实证分析（见表 7 – 15 和表 7 – 16）。

表 7 – 15　　　国有及国有控股企业工业总产值比重较高
行业的模型回归结果

解释变量	模型一	模型二	模型三	模型四
lnK	0.773057 (0.0000)	0.415488 (0.90340)	0.264638 (0.0727)	0.208295 (0.2982)
lnL	0.649367 (0.0105)	0.812791 (0.0009)	0.645200 (0.0069)	0.655088 (0.0065)
lnRZ（–1）	— (—)	0.469725 (0.0006)	0.496462 (0.0002)	0.505064 (0.0002)
lnRR	— (—)	— (—)	0.247202 (0.3853)	0.231035 (0.5667)
lnS	— (—)	— (—)	— (—)	–0.123581 (0.0000)

---

① 国有及国有控股比重较高的 9 个行业为：煤炭开采和洗选业（H1），石油和天然气开采业（H2），有色金属矿采选业（H4），烟草制品业（H9），石油加工、炼焦及核燃料加工业（H18），化学原料及化学制品制造业（H19），黑色金属冶炼及压延加工业（H25），有色金属冶炼及压延加工业（H26），交通运输设备制造业（H30）。其余 24 个行业为国有及国有控股比重较低的行业，详细行业名称及代码参见附表 7。

解释变量	模型一	模型二	模型三	模型四
C	-0.596592	2.685104	2.493509	3.261134
	(0.2777)	(0.0562)	(0.0192)	(0.0584)
R^2	0.984151	0.989737	0.990749	0.990795
调整后 R^2	0.982145	0.988101	0.989117	0.989008
F 统计量	490.5651	604.9446	606.8834	554.7185
P 值	0.000000	0.000000	0.000000	0.000000

表 7-16　　　　国有及国有控股企业工业总产值
比重较低的行业的模型回归结果

解释变量	模型五	模型六	模型七	模型八
lnK	0.702653	0.353470	0.366893	0.406493
	(0.0000)	(0.0000)	(0.0000)	(0.0000)
lnL	0.883826	0.753084	0.568048	0.546627
	(0.0000)	(0.0000)	(0.0000)	(0.0000)
lnRZ (-1)	—	0.270366	0.186947	0.130529
	(—)	(0.0000)	(0.0000)	(0.00006)
lnRR	—	—	0.148468	0.138074
	(—)	(—)	(0.0000)	(0.0000)
lnS	—	—	—	-0.156997
	(—)	(—)	(—)	(0.0001)
C	-0.566704	1.450026	1.089573	1.521229
	(0.0012)	(0.0000)	(0.001)	(0.0000)
R^2	0.983844	0.991395	0.992320	0.992947
调整后 R^2	0.91957	0.990211	0.991218	0.991891
F 统计量	521.2763	837.4973	889.7247	940.2726
P 值	0.000000	0.000000	0.000000	0.000000

总体上看，各个模型的拟合效果均较好，F 检验高度显著，R^2 均较高。通过比较各个模型的回归结果，可以看出：

①从模型的回归结果可以看出，在两类企业当中，劳动投入对产

出均有显著促进作用；但物质资本在经济增长中的作用出现了明显差异：对于国有及国有控股比重较高的行业，随着引入解释变量的增多，物质资本的作用在下降，当引入本书所考虑的全部变量时，物质资本的作用变得不显著，如模型四；对于国有及国有控股比重较低的行业，物质资本的作用较稳定且十分显著。

分析原始数据可知，国有及国有控股比重较高的行业同时也是物质资本存量较高的行业，由于其所有制的特殊性，得到的政府资金及银行借款的支持力度较大。因而在这类行业中，物质资本是十分充足的，不再是企业发展的制约因素，物质资本投入的边际收益递减效应越发明显，因而对产出的影响变得不显著。对于国有及国有控股比重较低的行业，资金匮乏仍然是制约企业发展的重要因素，因而物质资本对产出的作用仍然十分显著。

②在两类行业中，国有及国有控股比重对产出的作用均十分明显，在国有及国有控股比重较高的行业当中的作用更大。

③在两类行业中，R&D 资本存量对产出均有显著的促进作用。对于国有及国有控股比重较高的行业，模型二和模型三的结果显示，R&D 资本存量的作用较高，其产出弹性超过了物质资本。国有及国有控股比重较高的 9 个行业的 R&D 资本存量也较高，2012 年 9 个行业 R&D 资本存量平均为 462.76 亿元（1999 年价格）；国有及国有控股比重较低行业平均 R&D 资本存量为 266.59 亿元（1999 年价格），有力地促进了行业产出的增加。

④在两类行业中，R&D 人员的作用出现了明显的分化。在国有及国有控股比重较高的行业中，R&D 人员虽有正向作用，但并不明显。这与 R&D 资本存量较高行业中的情况类似，可能是由于 R&D 人员供应充足，投入了较多的 R&D 人员从事研发活动，反而导致 R&D 人员的作用下降；而在国有及国有控股比重较低的行业中，R&D 人员相对缺乏，却能与其他资源相适应，形成显著的促进作用。

（4）结论。在行业层面，本书从 33 个行业的总体数据以及 R&D 资本存量高低和国有及国有控股比重高低三个角度对 R&D 与经济增长的关系进行了实证研究，主要结论如下：

①无论是全部行业还是不同行业角度的分析，劳动投入均是影响经济增长的重要因素。但物质资本的作用出现了分化，对于 R&D 资本存量较高的行业或国有及国有控股比重较高的行业，物质资本投入对产出的影响不显著；而在 R&D 资本存量较低或国有及国有控股比重较低的行业，物质资本的作用十分显著。

②在国有及国有控股比重方面，行业层面各个角度的研究均表明，国有及国有控股比重下降对产出有促进作用。

③就 R&D 的作用看，各层面的回归结果均表明，R&D 资本对产出均有显著促进作用；但 R&D 人员的作用不一。在 R&D 资本存量较高或国有及国有控股比重较高的行业中，R&D 人员的作用并不显著。

四 实证结论

本章基于我国 R&D 人员与经费数据，实证分析了 R&D 投入对经济增长的影响。得到的主要结论如下：

1. 物质资本存量和劳动投入对经济增长的作用

全国层面和区域层面各角度的研究均肯定了物质资本对产出的促进作用。但行业层面的结果并不一致：（1）在 R&D 资本存量较高的行业，物质资本投入对产出的影响不显著；在 R&D 资本存量较低的行业则十分显著。（2）对于国有及国有控股比重较高的行业，当引入本书所考虑的全部变量时，物质资本的作用并不显著；对于国有及国有控股比重较低的行业，物质资本的作用较稳定且十分显著。

就劳动投入的作用看，大部分模型实证结果均肯定了劳动对产出的促进作用；但在西部地区的实证研究中，劳动投入对产出的作用并不显著。

2. 产业结构调整对经济增长的影响

全国层面及东部地区的研究表明，产业结构对经济增长有正向促进作用；区域层面的全部数据及西部地区数据表明，产业结构对经济增长没有显著影响；中部地区产业结构对经济增长则有明显的负向作用。这可能受数据涉及时间区间较短，产业结构变动不明显所致。

3. 制度变迁对经济增长的影响

全国层面、区域全部数据及东部地区的实证研究表明，国有及国有控股比重下降对产出有显著的促进作用；中部和西部地区国有产权改革的作用并不显著。行业层面不同角度的实证结果均表明，国有及国有控股比重下降对产出具有显著的促进作用。

4. R&D 资本对经济增长的影响

在全国层面，在仅考虑资本投入与 R&D 资本时，R&D 资本对产出增长均有显著的促进作用；但当引入制度及结构变动因素时，R&D 资本对经济增长的影响变得不显著。在区域层面，全部数据及西部地区的实证结果表明，R&D 资本对产出有显著的促进作用；东部地区的 R&D 资本对产出没有显著影响；中部地区则有显著的负向影响。在行业层面，R&D 资本对产出具有显著的促进作用；在 R&D 资本存量较高或国有及国有控股比重较高的行业，R&D 资本的作用甚至高于物质资本。

5. R&D 人员对经济增长的影响

在区域层面，各角度的研究结果均表明，R&D 人员对产出没有明显影响。在行业层面，全部行业的结果表明，R&D 人员对产出具有显著的促进作用；但在 R&D 资本存量较高或国有及国有控股比重较高的行业中，R&D 人员对产出的作用不显著；在 R&D 资本存量较低或国有及国有控股比重较低的行业中，R&D 人员对产出具有较显著的促进作用。比较而言，R&D 人员对产出的促进较 R&D 资本的作用要弱。

第八章 研究结论及相关建议

第一节 主要研究结论

本书围绕 R&D 统计及资本化问题，针对我国 R&D 统计状况存在的主要问题、R&D 资本化对 SNA 体系特别是 GDP 指标的影响、R&D 资本存量及其对经济增长的影响等方面，进行了实证研究。主要研究结论体现在 R&D 统计、R&D 资本化、R&D 资本存量测算及 R&D 对经济增长的影响四个方面。

一　关于 R&D 统计

本书第二、第三章着重针对我国 R&D 统计制度进行了研究，结合国际组织特别是 OECD 科技统计发展状况，对比分析了我国科技统计当中存在的问题。

我国 R&D 统计制度是依托于科技统计制度建立与发展起来的，目前已经建立起以企业、研究机构和高等学校为主体的较规范的 R&D 统计制度。但与 OECD 及美国等发达国家相比，我国的 R&D 统计制度与统计工作还存在一定的问题，主要包括：（1）统计主题不明确，科技统计与 R&D 统计混杂；（2）相关分类标准与国际标准差距较大；（3）对经费支出统计不够突出；（4）对企业科技活动统计需要加强；（5）缺乏对政府资金的支出统计；（6）对资本支出项目统计薄弱；（7）指标设计不合理，部分指标缺乏可操作性等。

这些问题对科学研究的影响包括：（1）难以提供准确的 R&D 统计数据；（2）数据时间较短，对相关研究形成数据瓶颈；（3）缺乏

R&D 经费支出的详细信息，难以对 R&D 经费进行深入分析；（4）研究结果难以与其他国家进行对比等。

二　关于 R&D 资本化

联合国 SNA2008 中，R&D 活动作为资本进行处理，对原有 SNA 体系会产生较大影响。例如，对相关核算表如国内生产总值表、投入产出表、资金流量表及资产负债表等产生影响，使生产账户、资本账户、资产负债账户等发生变化。

本书结合 1995—2012 年数据，就 R&D 资本化对生产法 GDP 的影响进行了测算。研究结果表明，R&D 资本化倾向于增大 GDP 的数值。随着我国 R&D 支出数额的不断增大，R&D 资本化对 GDP 核算的影响越来越大。1995—2012 年，R&D 资本化使得 GDP 增加率由 1.08% 上升到 3.84%，平均为 2.31%，这也与部分发达国家的测算结果相似。

三　关于 R&D 资本存量测算

R&D 资本存量的测算一般采用永续盘存法，主要涉及初始资本存量、R&D 支出流量、价格指数、折旧率等参数的选择与确定。受统计资料的限制，R&D 资本存量的测算存在以下几个方面的困难：（1）R&D资本定价；（2）R&D 初始资本存量的确定；（3）价格指数确定；（4）折旧率的确定；（5）R&D 资本的滞后期；（6）R&D 统计数据基础。

本书采用永续盘存法，通过对相关参数如初始 R&D 资本存量、R&D 支出流量、R&D 支出的价格指数和 R&D 资本的折旧率进行设定，从全国、分活动类型、分执行部门、分区域及分行业等多个角度对 R&D 资本存量进行了测算。测算结果表明，2000 年以后我国 R&D 活动趋于活跃，R&D 资本存量快速增加；其中试验发展增加速度最快，企业部门的 R&D 资本存量最多；在区域层面，东部地区的 R&D 资本存量远远高于中西部地区。

四　关于 R&D 对经济增长的影响

在具体的实证研究中，本书从全国、区域和行业三个层面研究 R&D 对经济增长的影响。在全国层面，利用 1978—2012 年的数据进行研究。在区域层面，本书对全国 30 个省份以及分东、中、西部地

区的不同省份分别进行了研究。在行业层面，本书对大中型工业企业
33 个行业数据，以及按 R&D 资本存量和国有及国有控股比重的高低
进行了分类研究。在各个层面的研究中，本书均控制了制度变量（以
国有及国有控股企业工业总产值占全部工业总产值比重表示）和产业
结构变动因素；同时还将 R&D 人员纳入研究模型。

实证研究的结果表明，整体来看，改革开放以来我国资本和劳动
投入、制度变迁和结构调整均对我国经济增长起到了重要作用；R&D
对经济增长的作用并不显著。但具体到区域层面，西部地区 R&D 对
产出有较显著的促进作用，这明显不同于东中部地区。行业层面的研
究则显示，R&D 对产出具有明显的促进作用，在 R&D 资本存量或国
有及国有控股比重较高的行业，R&D 的作用甚至高于物质资本。

第二节　相关政策建议

一　完善 R&D 统计制度，加强 R&D 统计工作

在本书的研究过程中，笔者深切感触到 R&D 数据缺乏对研究的
制约。同时，R&D 统计数据是国家科技决策的重要依据，其准确性
对相关科技政策的制定与实施影响很大。鉴于此，笔者认为应从以下
几个方面改进 R&D 统计制度，加强 R&D 统计工作：

第一，加强各主管部门间的沟通与合作。国家统计局、教育部及
科技部三个主管部门应当是协调合作关系，通过相互沟通与协调，能
够分享各自的统计经验，有利于提高统计数据的质量。

第二，完善统计报表设计，加强 R&D 统计。R&D 活动是科技活
动的核心，是其中最具创造性的部分；在国际科技竞争力的比较中，
更看重的是 R&D 数据。因此，笔者建议在科技统计报表的修订中，
一方面要增加有关 R&D 活动的统计指标，以与 R&D 活动的地位相适
应；另一方面要对 R&D 活动的分类统计予以细化，以从多个层面反
映更加丰富的 R&D 活动信息。

第三，开展理论研究，解决核算中的技术难题。影响数据质量的

一个重要方面是核算上的困难，应从理论上进行深入的研究工作，提出切实可行的核算理论与方法，以提高 R&D 统计质量。

第四，做好培训工作。培训工作是提高统计数据质量的基本一环，以往的填报培训工作在对 R&D 统计基础知识的培训方面做得不足。考虑到统计填报人员的变动，每年都应当针对填报人员在 R&D 活动的基本概念与内涵方面加以培训与辅导，提高填报人员的业务素质，这能够明显地改进统计数据质量。

二　加快有关 R&D 核算理论和方法方面的研究

SNA2008 已经颁布多年，可以预计，在未来不长的时间内，世界各国会逐渐采用 SNA2008 改进本国国民经济核算体系。因此，有关 R&D 核算的理论与方法，特别是 R&D 资本化方面的研究应加快。这包括 R&D 资本的定价、折旧率、价格指数等相关参数，以及 R&D 统计的相关理论和方法，特别是在当前我国 R&D 统计制度仍没有完全与国际接轨的情况下，这方面的研究尤其重要。

三　注重 R&D 资本的合理配置

本书区域和行业层面的多数研究结果表明，R&D 资本对产出有明显的促进作用，该结论为提高 R&D 投入强度提供了支持。虽然近年来，我国 R&D 投入强度有了较大提高，科技水平也日益向发达国家靠拢。但在科技竞争日益激烈的国际环境下，仍然需要保持较高的 R&D 投入水平，以保持科技水平的发展潜力。

在 R&D 投入强度提高的同时，不同类型 R&D 投入之间的合理配置已成为制约 R&D 活动发挥效益的重要因素。本书区域层面的部分研究结论也显示，东部区域的 R&D 资本对产出没有显著影响，而中部地区则有显著负影响。笔者认为，这恰恰说明我们往往更多地强调增加 R&D 投入问题，而忽视了 R&D 资源合理配置问题。东部地区由于人才及科技实力发达，吸引了较多的 R&D 投入，导致 R&D 投入的边际收益下降及其对产出的作用不显著；中部地区则更多地体现为 R&D 投入与自身科技水平和经济实力不相称，导致 R&D 支出的消耗性特征更加明显。

因此，在建设创新型国家的背景下，我国在加大 R&D 投入强度的同时，也应当更加注重 R&D 资源的合理配置，使 R&D 投入发挥其应有的作用。

四　重视 R&D 人员的作用

在以往针对 R&D 与经济增长的研究中，往往更多地关注 R&D 资本，而忽视 R&D 人员的作用。虽然从总体上看，R&D 人员对产出的作用较 R&D 资本要弱，但本书行业层面的研究表明，R&D 人员对产出有明显的促进作用，且在 R&D 资本存量较低或国有及国有控股比重较低的行业中，R&D 人员对产出具有较明显的促进作用。

R&D 人员是 R&D 活动中创造力的源泉，理应在 R&D 活动中发挥重要作用。笔者认为，我国 R&D 人员对产出的作用较弱与现阶段我国科技进步主要依靠引入国外技术、自身研发不足有关。随着我国科技实力的提升，与国外先进水平差距的缩小，R&D 活动中人的因素的作用会越来越大，因此应当更加重视 R&D 人员的作用，采取措施鼓励 R&D 人力资本的积累与提升，为我国经济社会发展储备人才。

附　表

附表 1

1998—2012 年中国各地区国内生产总值

单位：亿元

年份\地区	1998	1999	2000	2001	2002	2003	2004	2005	2006	2007	2008	2009	2010	2011	2012
北京	1981	2197	2457	2744	3059	3396	3875	4332	4886	5536	6040	6656	7342	7936	8550
天津	1305	1436	1592	1783	2009	2307	2672	3065	3509	4043	4710	5487	6442	7498	8537
河北	4028	4394	4812	5230	5735	6400	7226	8194	9292	10482	11540	12694	14243	15853	17379
山西	1472	1579	1727	1901	2146	2465	2841	3199	3576	4091	4439	4678	5329	6021	6632
内蒙古	1201	1308	1448	1602	1813	2138	2578	3191	3798	4523	5328	6228	7163	8187	9125
辽宁	3578	3871	4216	4595	5064	5647	6369	7153	8140	9320	10569	11954	13651	15317	16779
吉林	1535	1661	1814	1982	2171	2392	2684	3009	3460	4017	4660	5294	6024	6856	7677
黑龙江	2614	2811	3040	3323	3662	4035	4508	5031	5639	6316	7061	7866	8865	9956	10954
上海	3517	3883	4310	4763	5301	5953	6798	7552	8459	9668	10606	11476	12658	13696	14717
江苏	7191	7917	8754	9642	10767	12234	14038	16074	18469	21221	23916	26881	30295	33628	37034
浙江	4907	5399	5995	6634	7472	8570	9811	11067	12605	14458	15918	17335	19398	21144	22831

续表

地区	1998	1999	2000	2001	2002	2003	2004	2005	2006	2007	2008	2009	2010	2011	2012
安徽	2470	2696	2918	3178	3483	3809	4316	4817	5433	6188	6974	7874	9024	10242	11481
福建	2999	3296	3603	3915	4312	4807	5375	5999	6887	7934	8965	10068	11467	12878	14352
江西	1572	1694	1830	1991	2200	2486	2814	3174	3565	4028	4560	5157	5879	6614	7339
山东	6829	7513	8285	9117	10186	11552	13326	15352	17624	20144	22561	25314	28427	31526	34603
河南	4088	4420	4839	5274	5774	6389	7265	8296	9491	10876	12193	13522	15212	17022	18749
湖北	2884	3115	3395	3701	4034	4437	4925	5521	6250	7156	8115	9211	10574	12033	13387
湖南	2868	3109	3389	3694	4026	4412	4946	5520	6194	7092	8078	9184	10525	11872	13209
广东	8134	8957	9984	11031	12396	14237	16342	18597	21312	24445	26988	29606	33277	36604	39590
广西	1928	2082	2247	2433	2691	2966	3316	3754	4264	4908	5536	6306	7201	8087	8998
海南	441	478	521	568	623	689	762	840	945	1085	1197	1337	1551	1737	1896
重庆	1360	1463	1588	1730	1907	2126	2386	2660	2984	3450	3950	4539	5315	6187	7025
四川	3276	3493	3788	4129	4552	5068	5714	6434	7289	8324	9240	10580	12177	14004	15761
贵州	819	891	966	1050	1145	1261	1404	1567	1749	1989	2213	2466	2781	3199	3632
云南	1611	1729	1858	1985	2164	2354	2621	2857	3197	3597	3978	4459	5008	5694	6432
陕西	1421	1567	1730	1900	2111	2360	2664	3000	3384	3878	4514	5128	5877	6694	7554
甘肃	747	815	894	981	1078	1194	1331	1488	1660	1864	2052	2263	2530	2847	3205
青海	217	234	255	285	319	357	401	450	505	568	645	710	819	929	1043
宁夏	228	249	274	302	333	375	417	462	521	587	661	740	839	941	1049
新疆	1011	1086	1181	1282	1387	1542	1718	1906	2115	2373	2634	2848	3150	3527	3949

注：本表为1995年价格数据。

附表 2

1998—2012 年各地区资本物质存量

单位：亿元

年份 地区	1998	1999	2000	2001	2002	2003	2004	2005	2006	2007	2008	2009	2010	2011	2012
北京	8071	9043	10074	11164	12435	13853	15424	16905	18528	20300	21622	23420	25420	27413	29586
天津	4444	4946	5509	6162	6913	7859	8923	10108	11513	13277	15522	18729	22630	27197	32358
河北	11398	13047	14738	16422	18131	20048	22278	24920	28117	31881	36319	41326	46969	53602	60891
山西	4194	4849	5525	6214	7031	8000	9232	10437	11883	13575	15325	17681	20469	23331	26668
内蒙古	3796	4213	4663	5116	5748	6807	8293	10209	12417	15134	18002	21895	26336	31299	37458
辽宁	10330	11091	11955	12916	14017	15410	17352	20130	23543	27724	34394	40070	46525	53799	61570
吉林	4464	4878	5272	5736	6270	6918	7723	8844	10728	13141	16411	20008	24006	28130	32597
黑龙江	7777	8316	8817	9419	10170	10848	11754	12954	14430	16423	18871	22534	26222	30360	35358
上海	12023	13234	14473	15833	17328	19081	21102	23498	26209	29316	32449	35987	39650	43182	46619
江苏	20764	23524	26530	29795	33432	37715	42764	48803	55470	62896	71868	81983	93368	105852	119233
浙江	13979	15945	17873	19902	22192	25043	28422	32312	36539	41265	46732	52393	58835	65539	72445
安徽	6965	7738	8484	9235	10000	10834	12100	13614	15403	17506	20084	22925	26285	30142	34542
福建	7891	9069	10288	11556	12917	14464	16269	18143	20539	23548	27320	31565	36230	41806	47951
江西	4388	4825	5245	5720	6317	7127	8127	9271	10605	12101	13647	15770	18001	20486	23153
山东	19389	21866	24581	27435	30542	34098	38371	44150	50594	57845	65874	76105	87903	100843	114863

续表

年份 地区	1998	1999	2000	2001	2002	2003	2004	2005	2006	2007	2008	2009	2010	2011	2012
河南	11471	12839	14287	15810	17491	19348	21664	24514	28159	32812	38537	45845	54078	63488	74287
湖北	9134	10488	11922	13263	14589	15910	17521	19137	21141	23534	26452	29981	34119	39172	44767
湖南	6830	7407	7996	8678	9506	10441	11683	13282	15271	17618	20627	24359	28904	34046	39790
广东	19824	22129	24575	27403	30399	34161	38511	43556	49217	55524	62260	70357	79886	90341	101690
广西	4785	5228	5687	6209	6817	7534	8483	9668	11180	13122	15533	19467	24426	30096	36232
海南	1598	1744	1899	2067	2248	2455	2685	2949	3258	3590	4014	4552	5215	5985	7020
重庆	3700	4070	4492	5005	5641	6501	7533	8839	10305	12031	14141	16088	18353	20993	23848
四川	8479	9341	10319	11396	12623	14036	15692	17805	20417	23505	27324	31712	36660	42198	48338
贵州	2037	2202	2386	2638	2905	3220	3557	4191	4886	5673	6477	7477	8659	10038	11744
云南	4890	5359	5776	6363	6885	7607	8426	9642	11076	12545	13782	15808	18885	22511	26737
陕西	4584	5080	5687	6372	7139	8127	9203	10423	11997	13759	15994	18614	21650	25108	29035
甘肃	2191	2425	2691	3000	3351	3746	4194	4690	5250	5900	6874	7810	8859	10045	11413
青海	755	847	952	1093	1263	1449	1647	1871	2115	2370	2658	3050	3556	4157	4896
宁夏	841	937	1043	1182	1351	1554	1804	2076	2360	2674	3045	3608	4204	4779	5475
新疆	4065	4421	4777	5240	5800	6496	7311	8121	9057	10012	10916	12067	13417	14967	17267

注：本表为 1995 年价格数据。

单位：万人

附表3

1998—2012 年各地区就业人员数

年份 地区	1998	1999	2000	2001	2002	2003	2004	2005	2006	2007	2008	2009	2010	2011	2012
北京	624.2	621.9	622.0	629.5	798.9	858.6	895.0	920.4	1015.9	1111.4	1173.8	1255.1	1317.7	1069.7	1107.3
天津	427.0	421.1	406.7	410.5	403.1	419.7	422.0	426.9	429.8	432.7	503.1	507.3	520.8	1161	1214.5
河北	3382.9	3399.9	3441.2	3379.6	3385.6	3389.5	3416.4	3467.3	3517.2	3567.2	3651.7	3899.7	3790.2	3962.4	4085.7
山西	1429.4	1434.3	1419.1	1412.9	1417.3	1469.5	1474.6	1476.4	1513.2	1550.1	1583.5	1599.6	1665.1	1738.9	1790.2
内蒙古	1006.8	1017.0	1016.6	1013.3	1010.1	1005.2	1019.1	1041.1	1061.3	1081.5	1103.3	1142.5	1184.7	1249.3	1304.9
辽宁	1818.2	1796.4	1812.6	1833.4	1842.0	1861.3	1951.6	1978.6	2024.9	2071.3	2098.2	2190.0	2238.1	2364.9	2423.8
吉林	1127.4	1102.8	1078.9	1057.3	1095.3	1044.6	1115.6	1099.4	1097.8	1096.2	1143.5	1184.7	1248.7	1337.8	1355.9
黑龙江	1723.0	1679.9	1635.0	1631.0	1626.5	1622.4	1623.3	1625.8	1642.8	1659.9	1670.2	1687.5	1743.5	1977.8	2027.8
上海	670.0	677.3	673.1	692.4	742.8	771.5	812.3	855.9	866.2	876.6	896.0	929.2	924.7	1104.3	1115.5
江苏	3635.0	3595.8	3558.0	3565.4	3505.6	3610.3	3719.7	3877.7	4035.4	4193.2	4384.1	4536.1	4731.7	4758.2	4759.5
浙江	2651.1	2660.9	2700.5	2772.0	2834.7	2961.9	3092.0	3202.9	3409.1	3615.4	3691.9	3825.2	3989.2	3674.1	3691.2
安徽	3311.0	3312.5	3372.9	3389.7	3403.8	3416.0	3453.2	3484.7	3541.2	3597.6	3594.6	3689.7	3846.8	4120.9	4206.8
福建	1621.9	1630.9	1660.2	1677.8	1711.3	1756.7	1817.5	1868.5	1933.7	1998.9	2079.8	2168.9	2181.3	2460.0	2568.9
江西	1971.3	1961.3	1935.3	1933.0	1955.1	1972.3	2039.8	2107.5	2151.6	2195.6	2223.3	2244.1	2306.1	2532.6	2556.0
山东	4657.2	4698.6	4661.8	4671.7	4751.9	4850.6	4939.7	5110.8	5186.5	5262.2	5352.5	5449.8	5654.7	6485.6	6554.3
河南	4999.6	5205.0	5571.9	5516.6	5522.0	5535.7	5587.4	5662.4	5717.6	5772.7	5835.5	5948.8	6041.6	6198.0	6288.0

续表

年份 地区	1998	1999	2000	2001	2002	2003	2004	2005	2006	2007	2008	2009	2010	2011	2012
湖北	2616.3	2572.4	2507.8	2452.5	2467.5	2537.3	2588.6	2676.3	2719.7	2763.0	2875.6	3024.5	3116.5	3672.0	3687.0
湖南	3498.5	3496.1	3462.1	3438.8	3468.7	3515.9	3599.6	3658.3	3703.8	3749.3	3811.0	3907.7	4007.7	4005.0	4019.3
广东	3737.4	3760.5	3861.0	3962.9	3966.7	4119.5	4316.0	4702.1	4997.5	5292.8	5478.0	5643.3	5776.9	5960.7	5966.0
广西	2470.9	2481.5	2530.4	2543.5	2570.5	2601.4	2649.1	2703.1	2731.4	2759.6	2807.2	2862.6	2945.3	2936.0	2768.0
海南	320.8	326.2	333.7	339.7	341.7	353.8	366.5	377.7	396.3	414.8	412.1	431.4	445.7	459.2	483.9
重庆	1645.1	1639.4	1636.5	1624.0	1640.2	1659.5	1689.5	1720.8	1755.2	1789.5	1837.1	1878.5	1912.1	1585.2	1633.1
四川	4534.7	4482.3	4435.8	4414.6	4408.8	4449.6	4503.4	4603.5	4691.1	4778.6	4874.5	4945.2	4997.6	4785.5	4798.3
贵州	1946.3	1975.9	2045.9	2068.3	2081.4	2118.4	2168.8	2215.8	2249.4	2283.0	2301.6	2341.1	2402.2	1792.8	1825.8
云南	2270.3	2273.4	2295.4	2322.6	2341.0	2349.6	2401.4	2461.3	2531.1	2600.8	2679.5	2730.2	2814.1	2857.2	2881.9
西藏	118.4	122.2	123.4	124.6	128.8	130.7	134.8	140.4	147.0	153.7	160.4	169.1	175.0	185.6	202.1
陕西	1802.0	1780.9	1812.8	1784.6	1873.1	1911.3	1884.7	1882.9	1902.5	1922.0	1946.6	1919.5	1952.0	2059	2061.0
甘肃	1175.6	1185.6	1182.1	1187.2	1254.9	1304.0	1321.7	1347.6	1361.0	1374.4	1388.7	1406.6	1431.9	1457.1	1482.4
青海	230.4	241.2	238.6	240.3	247.3	254.3	263.1	267.6	271.9	276.3	276.8	285.5	294.1	309.2	310.9
宁夏	259.5	270.8	274.4	278.0	281.5	290.6	298.1	299.6	304.5	309.5	303.9	328.5	326.0	339.6	344.5
新疆	678.3	669.6	672.5	685.4	701.5	721.3	744.5	764.3	782.6	800.8	813.7	829.2	852.6	953.3	1010.4

附表 4　　1998—2012 年各地区 R&D 人员折合全时工作当量

单位：万人·年

年份 地区	1998	1999	2000	2001	2002	2003	2004	2005	2006	2007	2008	2009	2010	2011	2012
北京	8.70	8.47	9.88	9.53	11.49	10.99	15.15	17.10	16.84	18.76	18.96	19.18	19.37	21.73	23.55
天津	1.93	1.92	2.32	2.39	2.62	2.88	2.96	3.34	3.72	4.49	4.83	5.20	5.88	7.43	8.96
河北	2.31	1.99	2.88	2.82	3.29	3.44	3.48	4.17	4.37	4.53	4.62	5.65	6.23	7.30	7.85
山西	1.62	1.43	1.43	1.62	2.72	1.85	1.85	2.74	3.88	3.69	4.40	4.78	4.63	4.74	4.70
内蒙古	0.88	0.73	0.85	0.80	0.87	0.87	1.14	1.35	1.48	1.54	1.83	2.17	2.48	2.76	3.18
辽宁	4.71	4.33	4.85	5.28	6.47	5.60	6.00	6.61	6.90	7.72	7.67	8.09	8.47	8.10	8.72
吉林	2.19	2.05	2.41	1.79	1.96	1.95	2.22	2.56	2.85	3.25	3.17	3.94	4.53	4.48	5.00
黑龙江	2.60	2.15	2.56	3.22	3.42	3.46	3.92	4.42	4.51	4.82	5.07	5.42	6.19	6.66	6.51
上海	4.06	3.95	5.95	5.20	5.47	5.62	5.91	6.70	8.02	9.01	9.51	13.29	13.50	14.85	15.34
江苏	4.92	5.55	7.11	7.88	9.06	9.81	10.33	12.80	13.89	16.05	19.53	27.33	31.58	34.28	40.19
浙江	1.61	1.49	2.50	3.59	4.00	4.66	6.31	8.01	10.28	12.94	15.96	18.51	22.35	25.37	27.81
安徽	1.78	1.75	2.54	2.44	2.37	2.51	2.41	2.84	2.99	3.62	4.95	5.97	6.42	8.11	10.30
福建	0.98	1.28	2.25	2.48	2.24	2.66	3.18	3.57	4.02	4.76	5.93	6.33	7.67	9.69	11.45
江西	1.50	1.39	1.80	1.51	1.53	1.70	1.92	2.21	2.58	2.71	2.82	3.31	3.48	3.75	3.82
山东	4.85	4.57	4.82	4.68	7.26	7.83	7.23	9.11	9.66	11.65	16.04	16.46	19.03	22.86	25.40
河南	2.72	2.71	3.46	3.61	4.15	4.07	4.21	5.12	5.97	6.49	7.15	9.26	10.15	11.80	12.83

续表

年份\地区	1998	1999	2000	2001	2002	2003	2004	2005	2006	2007	2008	2009	2010	2011	2012
湖北	3.18	3.29	4.45	4.42	5.55	5.19	5.03	6.12	6.21	6.74	7.28	9.12	9.79	11.39	12.27
湖南	1.92	1.95	2.89	2.87	2.92	2.70	3.13	3.80	3.98	4.49	5.03	6.38	7.26	8.58	10.00
广东	3.79	4.41	7.11	7.91	8.69	9.38	9.31	11.94	14.72	19.95	23.87	28.37	34.47	41.08	49.23
广西	0.62	0.74	1.30	0.95	1.21	1.32	1.48	1.79	1.89	2.01	2.32	2.99	3.40	4.01	4.13
海南	0.13	0.10	0.12	0.09	0.08	0.10	0.14	0.12	0.12	0.13	0.17	0.42	0.49	0.54	0.68
重庆	1.22	1.25	1.62	1.65	1.76	1.77	2.07	2.46	2.68	3.16	3.44	3.50	3.71	4.07	4.61
四川	6.19	4.98	6.02	4.82	6.13	5.79	6.01	6.64	6.86	7.88	8.67	8.59	8.38	8.25	9.80
贵州	0.61	0.57	0.81	0.95	0.90	0.86	0.78	0.98	1.07	1.14	1.15	1.31	1.51	1.59	1.87
云南	0.97	0.92	1.11	1.17	1.39	1.29	1.47	1.48	1.60	1.78	1.98	2.11	2.26	2.51	2.78
西藏	0.05	0.02	0.03	0.02	0.06	0.06	0.04	0.06	0.10	0.07	0.06	0.13	0.13	0.11	0.12
陕西	4.34	4.99	6.41	5.73	6.05	5.42	4.90	5.37	5.95	6.51	6.48	6.80	7.32	7.35	8.24
甘肃	1.77	1.49	1.84	1.73	1.47	1.69	1.44	1.68	1.67	1.88	2.01	2.12	2.17	2.13	2.43
青海	0.12	0.15	0.22	0.20	0.20	0.23	0.26	0.26	0.26	0.29	0.25	0.46	0.49	0.50	0.52
宁夏	0.14	0.15	0.26	0.28	0.30	0.27	0.35	0.40	0.44	0.56	0.52	0.69	0.64	0.74	0.81
新疆	0.63	0.72	0.42	0.46	0.53	0.53	0.61	0.70	0.74	0.89	0.88	1.27	1.44	1.55	1.57

附表 5　　　　　　　　　　各地区国有及国有控股企业工业总产值所占比重

单位：%

年份 地区	1998	1999	2000	2001	2002	2003	2004	2005	2006	2007	2008	2009	2010	2011	2012
北京	72.91	73.28	67.93	65.11	58.19	53.85	51.97	50.94	45.37	46.30	47.71	49.56	52.73	56.34	59.56
天津	36.92	32.37	32.88	33.14	32.45	35.97	37.74	38.81	40.06	38.16	38.17	39.59	40.07	40.00	39.96
河北	56.07	54.05	52.46	49.93	45.42	41.35	38.19	36.55	31.94	30.76	28.92	28.21	28.63	26.96	25.88
山西	65.26	66.85	68.85	68.32	62.63	56.65	53.72	52.25	51.64	51.86	51.87	56.09	53.04	51.25	50.12
内蒙古	83.80	84.86	79.85	76.27	72.01	58.90	54.44	52.42	44.50	40.04	40.51	35.61	33.23	34.41	35.12
辽宁	66.72	65.15	66.55	65.37	62.43	58.11	55.08	53.36	45.52	44.16	39.16	33.00	30.98	29.73	28.78
吉林	80.65	81.84	81.99	80.20	77.91	75.79	70.51	66.81	61.70	56.39	48.34	45.52	43.45	41.42	40.14
黑龙江	83.28	84.16	84.16	82.74	79.59	79.45	77.63	76.51	77.29	72.61	67.48	59.75	57.86	56.31	55.22
上海	49.85	51.67	51.66	48.68	45.84	43.18	40.16	38.17	37.31	35.55	35.70	37.29	37.16	37.78	38.31
江苏	32.94	31.60	29.35	26.49	22.79	18.97	16.69	15.44	14.32	12.41	11.36	10.84	10.73	10.88	11.00
浙江	26.49	22.80	19.58	15.16	13.61	13.11	14.15	14.72	13.82	12.85	13.00	13.08	13.08	14.42	15.54
安徽	65.84	64.95	62.87	61.01	55.94	55.13	53.74	52.95	47.93	43.40	43.32	40.45	36.85	32.38	29.85
福建	33.33	34.34	32.68	29.68	25.22	22.72	20.31	18.84	17.10	14.86	13.88	13.43	13.62	11.77	10.53
江西	79.82	80.92	79.10	75.64	73.00	64.29	55.67	51.41	46.40	37.62	30.72	25.84	24.81	23.10	22.03
山东	42.13	41.35	41.95	38.87	35.54	33.48	27.34	24.25	23.80	21.32	20.91	18.09	19.95	19.55	19.26
河南	54.57	54.35	53.82	53.01	51.40	50.67	42.65	38.54	31.83	32.78	26.85	24.64	24.16	22.01	20.72

续表

年份 / 地区	1998	1999	2000	2001	2002	2003	2004	2005	2006	2007	2008	2009	2010	2011	2012
湖北	60.27	61.73	62.95	62.93	60.41	56.76	53.97	52.12	47.49	49.09	44.41	41.97	39.86	37.45	35.93
湖南	70.52	67.10	66.19	62.70	58.81	53.29	47.46	44.26	42.88	39.58	33.75	29.64	28.22	25.41	23.83
广东	27.02	28.71	25.05	23.06	19.29	18.36	17.97	17.74	16.54	15.57	17.03	15.80	15.34	14.67	14.12
广西	67.41	69.90	66.22	61.23	60.03	55.55	50.83	48.16	44.63	40.92	37.50	40.36	37.62	34.25	32.23
海南	70.56	71.07	67.48	65.61	61.42	64.04	56.02	50.36	42.92	31.53	24.92	24.85	25.83	20.04	15.64
重庆	73.34	71.24	67.92	61.02	60.48	53.70	52.31	51.43	51.83	49.00	41.92	39.25	36.55	32.91	30.62
四川	65.46	63.33	60.17	58.06	53.58	47.52	42.84	40.28	39.40	34.84	31.93	28.84	26.79	25.45	24.64
贵州	83.44	82.16	79.28	76.94	73.64	68.30	68.30	68.30	65.80	63.77	60.39	61.13	57.76	53.28	50.52
云南	82.53	81.06	80.40	80.34	78.83	73.59	67.85	64.41	61.90	60.59	57.60	58.42	58.08	56.76	55.83
西藏	82.62	74.76	76.79	69.18	72.59	78.35	71.80	66.65	52.90	43.67	44.37	42.75	44.57	63.46	76.90
陕西	77.42	77.41	78.26	77.59	76.75	74.07	70.58	68.65	71.24	70.46	66.85	61.65	61.61	61.60	61.58
甘肃	82.14	78.68	76.40	74.74	71.48	76.75	78.27	79.15	79.72	80.19	78.80	77.74	78.37	79.74	80.63
青海	89.17	89.22	89.11	87.28	82.34	78.66	80.38	81.25	79.77	74.23	67.83	62.36	58.12	58.31	58.44
宁夏	83.48	76.44	73.01	71.69	66.25	60.02	56.99	55.40	50.89	48.42	48.67	48.33	50.00	51.24	52.03
新疆	88.83	89.88	88.17	84.54	83.19	81.75	82.24	82.50	83.37	80.02	78.42	72.17	70.58	73.29	75.08

附表6　各地区第二、第三产业所占比重

单位：%

年份 地区	1998	1999	2000	2001	2002	2003	2004	2005	2006	2007	2008	2009	2010	2011	2012
北京	96.85	97.20	97.58	97.88	98.10	98.26	98.46	98.58	98.75	98.92	98.99	99.03	99.12	99.16	99.16
天津	94.61	95.26	95.67	95.90	96.08	96.51	96.70	96.96	97.29	97.82	98.18	98.29	98.42	98.59	98.67
河北	81.42	82.15	83.65	83.44	84.10	84.63	84.27	85.11	86.22	86.84	87.29	87.19	87.43	88.15	88.01
山西	87.14	90.40	90.26	91.57	91.49	92.46	92.26	93.72	94.18	95.30	95.87	93.51	93.97	94.29	94.23
内蒙古	72.94	75.14	77.21	79.06	80.70	82.41	82.81	84.87	86.44	87.49	89.32	90.46	90.62	90.90	90.88
辽宁	86.31	87.52	89.22	89.18	89.19	89.74	88.03	88.98	89.45	89.72	90.47	90.70	91.16	91.38	91.32
吉林	72.77	74.69	79.57	80.71	81.00	81.66	81.78	82.72	84.26	85.17	85.73	86.53	87.88	87.91	88.17
黑龙江	84.53	86.84	87.84	87.15	86.96	87.56	87.51	87.58	88.08	87.04	86.90	86.56	87.43	86.48	84.56
上海	98.06	98.22	98.39	98.50	98.61	98.79	98.97	99.12	99.10	99.16	99.21	99.24	99.34	99.35	99.37
江苏	85.46	86.52	87.74	88.43	89.53	90.66	90.88	92.02	92.86	92.94	93.22	93.44	93.87	93.76	93.68
浙江	87.94	88.86	89.73	90.44	91.44	92.60	93.10	93.36	94.12	94.75	94.90	94.94	95.09	95.10	95.19
安徽	70.74	72.47	74.44	76.57	77.74	80.90	80.03	82.02	83.27	83.70	83.98	85.14	86.01	86.83	87.34
福建	80.69	81.58	82.98	84.01	85.12	86.10	86.35	87.19	88.23	89.17	89.30	90.33	90.75	90.82	90.98
江西	73.81	74.95	75.78	76.74	78.13	80.05	80.78	82.07	83.17	83.53	84.79	85.65	87.23	88.11	88.26
山东	82.68	83.71	84.78	85.21	86.47	87.74	88.16	89.40	90.31	90.34	90.29	90.48	90.84	91.24	91.44
河南	75.13	75.14	77.01	77.69	78.65	82.55	80.72	82.13	83.60	85.23	85.24	85.79	85.89	86.96	87.26

续表

年份 地区	1998	1999	2000	2001	2002	2003	2004	2005	2006	2007	2008	2009	2010	2011	2012
湖北	75.01	79.75	81.32	82.16	83.22	83.22	81.89	83.40	84.96	85.07	84.29	86.14	86.55	86.91	87.20
湖南	72.62	75.79	77.90	78.45	79.59	80.98	79.50	80.43	82.40	82.32	82.63	84.92	85.50	85.93	86.44
广东	88.34	89.09	90.82	91.79	92.48	93.23	93.53	93.61	93.98	94.55	94.65	94.91	95.03	94.99	95.01
广西	69.96	71.87	74.10	75.32	76.40	76.88	76.40	77.61	78.62	79.16	79.29	81.20	82.50	82.53	83.33
海南	64.70	63.79	63.55	64.76	64.16	64.76	65.11	66.38	67.28	70.48	70.89	72.06	73.85	73.87	75.08
重庆	79.11	80.82	82.23	83.30	84.03	85.08	84.10	84.91	87.80	88.30	90.07	90.71	91.35	91.56	91.76
四川	73.74	74.62	75.93	77.14	77.82	78.84	78.37	79.94	81.53	80.66	81.22	84.17	85.55	85.81	86.19
贵州	69.12	71.44	73.67	75.79	77.39	79.06	80.06	81.36	82.77	83.72	84.62	85.94	86.42	87.26	86.98
云南	77.97	78.58	78.53	79.22	79.96	80.65	80.74	80.71	81.29	82.34	82.06	82.70	84.66	84.13	83.95
西藏	65.72	67.68	69.11	73.02	75.47	78.01	79.90	80.88	82.51	83.96	84.68	85.53	86.46	87.71	88.53
陕西	81.70	84.02	85.69	86.89	87.48	88.30	88.28	88.14	89.20	89.16	89.70	90.33	90.24	90.24	90.52
甘肃	77.16	79.94	81.56	81.52	82.51	83.00	83.23	84.07	85.36	85.72	85.38	85.33	85.46	86.48	86.19
青海	80.56	82.44	84.78	85.09	86.11	87.58	86.98	87.97	89.15	89.36	89.63	90.07	90.01	90.72	90.66
宁夏	80.14	81.83	84.40	85.28	85.96	87.51	87.84	88.11	88.81	88.99	90.03	90.60	90.57	91.24	91.48
新疆	73.71	76.92	78.87	80.68	81.09	78.11	79.80	80.42	82.67	82.15	83.48	82.24	80.16	82.77	82.40

附表7 　　　　　　　　　　　　行业名称及代码表

行　业	代码
煤炭开采和洗选业	H1
石油和天然气开采业	H2
黑色金属矿采选业	H3
有色金属矿采选业	H4
非金属矿采选业	H5
农副食品加工业	H6
食品制造业	H7
饮料制造业	H8
烟草制品业	H9
纺织业	H10
纺织服装、鞋、帽制造业	H11
皮革、毛皮、羽毛（绒）及其制品业	H12
木材加工及木、竹、藤、棕、草制品业	H13
家具制造业	H14
造纸及纸制品业	H15
印刷业和记录媒介的复制	H16
文教体育用品制造业	H17
石油加工、炼焦及核燃料加工业	H18
化学原料及化学制品制造业	H19
医药制造业	H20
化学纤维制造业	H21
橡胶制品业	H22
塑料制品业	H23
非金属矿物制品业	H24
黑色金属冶炼及压延加工业	H25
有色金属冶炼及压延加工业	H26
金属制品业	H27
通用设备制造业	H28
专用设备制造业	H29
交通运输设备制造业	H30
电气机械及器材制造业	H31
通信设备、计算机及其他电子设备制造业	H32
仪器仪表及文化、办公用机械制造业	H33

附表8

2003—2012 年大中型工业企业工业总产值

单位：亿元

行业代码	2003 年	2004 年	2005 年	2006 年	2007 年	2008 年	2009 年	2010 年	2011 年	2012 年
H1	1613.12	2163.32	2412.59	2820.89	3319.94	4114.14	4446.30	5557.48	6891.43	8770.20
H2	1657.91	2167.31	2284.45	2236.43	2330.98	2662.39	2807.00	2707.53	2926.08	3565.59
H3	159.67	206.81	232.46	342.76	447.67	608.98	732.64	1112.61	1360.67	2062.85
H4	263.06	345.54	409.68	458.07	524.72	580.97	634.41	735.19	862.67	1087.38
H5	135.41	155.44	173.97	221.62	282.61	312.44	381.25	403.32	733.73	928.07
H6	2595.74	3157.75	3876.50	4635.55	5498.99	6478.89	7753.90	9362.42	11803.03	13989.10
H7	1437.68	1770.70	2261.76	2738.03	3330.20	3856.48	4557.52	5291.01	6756.18	7776.00
H8	1661.88	1739.97	2216.43	2824.94	3621.93	3906.94	4521.35	5263.61	7008.41	8149.70
H9	2162.06	2524.11	2665.50	2737.28	3547.79	4186.66	4680.80	5457.20	6173.91	6697.12
H10	4283.96	4963.13	6471.32	7367.28	8701.28	9168.82	9802.26	11499.41	13785.10	17009.11
H11	1225.29	1568.22	2108.91	2720.54	3286.08	3873.74	4190.29	4942.09	7151.46	8503.82
H12	1158.45	1247.24	1686.47	1987.73	2436.17	2682.84	3013.65	3862.55	4878.63	5712.24
H13	337.00	419.75	522.89	665.16	885.78	1024.01	1157.24	1441.48	2075.46	2513.72
H14	274.90	553.31	662.22	901.91	1063.80	1169.83	1203.38	1654.13	2247.21	2756.78
H15	1380.63	1785.86	2237.97	2652.56	3312.66	3781.23	4026.52	5020.82	5993.16	7091.50
H16	423.06	495.20	634.91	727.92	897.01	989.08	1064.50	1197.63	1559.53	1778.13

续表

行业代码	2003 年	2004 年	2005 年	2006 年	2007 年	2008 年	2009 年	2010 年	2011 年	2012 年
H17	434.11	603.19	725.17	850.02	983.48	1089.79	1066.40	1253.03	1600.27	1836.31
H18	3404.31	4504.91	5134.59	5448.77	6101.69	6432.78	6585.26	7713.81	8504.11	10086.57
H19	5257.36	6755.71	7880.91	9496.08	11572.58	12812.75	15042.21	18686.98	23081.63	29356.14
H20	1971.78	2184.69	2858.63	3275.53	3958.69	4813.27	5649.41	6800.61	8795.23	10372.04
H21	1104.94	1369.02	1876.91	2272.55	2848.50	2601.76	2738.37	3201.15	3879.62	5374.40
H22	930.84	1266.24	1483.59	1700.87	2053.61	2238.78	2517.95	3077.88	3808.44	4594.79
H23	1230.47	1489.62	1805.95	2190.40	2559.48	2886.51	3152.78	3941.39	4986.22	5981.20
H24	2531.96	3168.16	3928.71	4773.28	6158.61	7265.56	8282.65	10614.58	14052.47	17503.21
H25	7630.70	10444.56	12722.31	15775.16	19300.50	21819.43	24540.46	27744.37	31119.36	39799.63
H26	2225.14	2915.44	3578.95	4740.99	5676.35	6745.30	7834.85	9341.27	10926.73	14401.82
H27	1538.93	2000.46	2596.10	3383.87	4290.81	4950.81	5044.87	6608.95	8215.56	9940.83
H28	3368.11	4600.30	5871.83	7426.17	9350.98	11037.57	11713.13	15163.43	18913.58	22426.69
H29	2582.42	3020.18	3655.95	4693.60	5806.57	7606.16	8475.16	11106.56	14113.18	16828.20
H30	10316.18	12639.88	14560.47	18846.26	25034.66	29685.96	37341.67	50726.79	58541.57	68533.29
H31	5503.81	7436.73	9321.71	11143.68	14345.27	17375.96	19755.79	25543.46	30462.09	36854.57
H32	15971.03	24140.37	31183.55	39203.12	48388.48	53859.12	56931.51	71715.97	85973.43	99677.51
H33	1324.31	1664.50	2204.59	2959.78	3608.76	3914.28	3803.45	4892.73	6157.89	7188.36

注: 本表为 1999 年价格数据。

附表 9　　　　　　　　　　　　2003—2012 年各行业固定资本存量

单位：亿元

行业代码	2003 年	2004 年	2005 年	2006 年	2007 年	2008 年	2009 年	2010 年	2011 年	2012 年
H1	2389.02	2561.14	2886.65	3561.43	4107.46	5055.87	6141.91	6978.24	7762.81	8375.92
H2	3231.21	3507.06	4005.27	4547.96	4962.51	6008.36	7477.29	7985.89	8463.01	8810.58
H3	111.37	99.59	177.74	214.65	275.27	382.96	434.75	827.90	1196.72	1687.12
H4	175.63	164.22	199.81	235.46	281.90	349.82	421.08	546.46	664.07	772.90
H5	223.66	222.04	130.54	164.24	165.90	194.69	209.01	204.82	200.89	197.97
H6	675.18	719.58	895.39	1035.77	1211.24	1464.68	1865.63	2143.84	2404.82	2607.81
H7	453.19	503.66	639.67	728.76	816.52	959.68	1073.73	1245.74	1407.12	1536.23
H8	819.57	816.50	849.88	915.03	1006.39	1106.85	1302.47	1425.81	1541.53	1628.20
H9	572.92	588.77	600.77	619.76	601.01	648.42	711.79	783.52	850.81	904.11
H10	1850.81	1909.35	2232.21	2480.29	2743.79	2932.33	2987.40	3291.27	3576.33	3804.42
H11	313.96	334.17	417.15	498.89	584.36	660.95	674.30	753.74	828.25	882.54
H12	185.98	194.41	256.25	290.57	338.84	383.58	406.35	477.35	543.96	598.37
H13	168.70	158.48	200.63	223.73	241.79	281.37	300.89	381.00	456.15	525.14
H14	92.39	106.54	147.00	204.35	262.82	235.20	236.50	285.56	331.58	369.91
H15	1002.92	1086.31	1432.43	1638.84	1788.53	1981.72	2125.57	2426.01	2707.86	2930.29
H16	224.09	235.35	287.48	307.49	341.34	359.31	397.14	403.08	408.65	411.82
H17	112.01	124.15	154.20	167.02	183.67	208.90	227.07	231.91	236.44	240.20

续表

行业代码	2003年	2004年	2005年	2006年	2007年	2008年	2009年	2010年	2011年	2012年
H18	1989.35	2037.36	2427.79	2741.81	2993.90	3297.71	4406.55	5276.71	6093.01	6760.52
H19	3352.57	3388.46	4032.67	4820.00	5324.69	5921.42	7149.44	8750.25	10251.97	11547.26
H20	739.38	841.09	981.91	1083.99	1164.40	1288.13	1449.93	1661.25	1859.49	2027.52
H21	636.39	705.35	864.34	909.07	1002.58	973.24	966.43	1028.67	1087.06	1128.75
H22	371.78	401.55	496.36	584.78	735.18	806.80	904.95	996.95	1083.26	1145.60
H23	455.26	501.73	601.81	649.90	681.77	755.65	800.73	924.03	1039.69	1132.94
H24	1762.43	1946.08	2362.00	2670.70	2949.04	3448.01	4125.97	5011.69	5842.59	6534.18
H25	4465.64	4880.45	5906.38	7410.68	8786.76	10169.54	12338.76	13856.53	15280.34	16429.80
H26	1267.94	1468.98	1862.78	2184.52	2633.02	3270.66	3832.46	4825.86	5757.76	6600.56
H27	382.84	411.62	530.14	662.33	790.53	946.68	1151.80	1367.00	1568.88	1742.30
H28	1020.85	1086.67	1273.68	1455.01	1680.50	2093.21	2465.87	3060.66	3618.62	4112.52
H29	845.95	869.24	933.30	1086.38	1257.78	1549.00	1784.03	2189.03	2568.95	2895.90
H30	2421.46	2612.08	3069.88	3627.77	4233.57	5027.38	6142.14	7248.17	8285.73	9125.90
H31	1100.14	1192.13	1446.67	1672.24	1971.38	2343.50	2879.48	3610.23	4295.74	4884.73
H32	2246.12	2665.22	3540.42	4021.57	4839.84	5434.77	5812.87	7940.95	9937.31	11908.67
H33	230.64	250.56	308.20	353.59	399.64	445.07	493.26	652.74	802.35	946.18

注：本表为1999年价格数据。

附表 10　　　　　　　　　　2003—2012 年各行业就业人员数　　　　　　　　　　单位：万人

行业代码	2003 年	2004 年	2005 年	2006 年	2007 年	2008 年	2009 年	2010 年	2011 年	2012 年
H1	295.09	328.15	343.04	365.15	357.51	382.98	392.77	416.21	453.96	476.41
H2	65.05	94.89	84.27	83.02	81.28	110.26	99.33	103.49	108.98	112.40
H3	15.98	20.99	20.90	22.54	23.47	29.34	26.28	33.08	35.88	39.80
H4	22.29	21.63	24.68	24.19	26.28	28.50	26.43	29.93	31.76	33.77
H5	16.35	14.73	14.88	15.07	15.26	17.34	17.21	16.84	26.62	30.79
H6	71.48	79.88	92.25	97.38	110.04	127.57	140.10	161.27	185.65	203.91
H7	49.36	55.82	63.32	67.83	70.10	77.86	82.31	90.80	112.97	125.55
H8	55.39	21.72	55.35	56.83	67.04	66.24	70.77	78.23	93.91	103.20
H9	19.33	17.84	17.43	17.33	18.52	18.43	19.11	20.06	18.65	18.50
H10	265.35	280.74	302.90	312.88	315.73	310.67	297.42	323.08	370.77	399.04
H11	81.63	97.98	112.27	133.24	154.54	167.92	171.69	179.64	257.90	295.36
H12	68.32	89.52	109.83	124.06	134.88	144.24	138.06	157.40	201.49	228.55
H13	20.95	18.84	20.83	22.46	25.44	27.06	27.91	32.05	43.03	49.71
H14	15.73	27.93	32.25	41.10	44.08	46.69	42.46	51.61	64.81	74.62
H15	50.39	57.38	56.44	59.68	61.91	65.30	66.65	67.81	77.51	81.51
H16	22.84	20.27	23.67	24.84	30.90	29.09	28.77	29.54	34.41	36.53
H17	35.80	47.84	51.65	57.03	58.30	64.84	58.17	65.58	80.81	90.17

续表

行业代码	2003年	2004年	2005年	2006年	2007年	2008年	2009年	2010年	2011年	2012年
H18	47.33	52.60	59.30	61.22	65.89	70.80	71.17	77.77	82.65	86.87
H19	175.39	174.29	184.40	189.00	197.36	211.68	219.25	242.91	262.29	278.44
H20	67.32	66.74	73.59	78.04	82.53	89.38	97.15	107.19	122.28	132.03
H21	24.33	26.39	31.30	31.62	32.91	31.05	28.93	31.38	33.54	35.23
H22	34.11	42.32	43.02	44.27	48.21	51.94	53.93	57.99	62.99	66.34
H23	47.13	55.64	64.43	73.44	81.48	89.23	90.98	101.81	125.59	139.84
H24	148.77	154.78	158.46	160.50	172.74	182.97	189.87	210.82	266.93	299.03
H25	211.40	213.98	224.78	235.67	242.93	249.90	262.34	282.11	279.03	284.83
H26	74.06	85.57	88.42	91.28	103.27	119.90	116.75	127.73	136.30	143.52
H27	55.28	68.87	78.06	92.29	102.84	113.79	114.42	130.22	155.85	172.76
H28	128.09	145.38	159.41	168.36	182.23	199.09	198.66	226.39	254.12	275.86
H29	119.75	112.84	117.62	124.07	132.49	152.65	153.51	170.07	192.51	207.60
H30	210.72	221.65	236.33	248.04	273.59	305.24	329.92	392.72	441.39	486.36
H31	138.74	181.11	205.72	231.45	264.23	296.21	305.47	363.89	415.57	460.47
H32	186.39	264.96	333.15	400.17	459.53	523.68	517.67	621.87	722.89	808.00
H33	37.57	40.65	46.57	55.95	62.29	66.35	63.87	72.91	88.31	98.38

附表 11　　　　2003—2012 年各行业 R&D 人员折合全时工作当量

单位：人·年

行业代码	2003 年	2004 年	2005 年	2006 年	2007 年	2008 年	2009 年	2010 年	2011 年	2012 年
H1	16289	18401	29108	38249	36051	45955	50001	44636	50763	46917
H2	18642	21453	19552	21140	26335	26086	26105	26473	32372	24027
H3	378	430	520	588	528	2108	1496	1413	1942	2270
H4	1909	896	1054	980	1842	2348	2194	2230	3148	3687
H5	799	747	1057	1155	1591	1710	2065	1949	3405	2791
H6	5195	3486	4507	5729	8212	8772	12628	13362	25154	30426
H7	3296	3115	4978	5712	6260	7104	10890	11010	19564	23471
H8	6869	4140	6201	6061	9535	14250	15524	13803	20013	22728
H9	1991	2359	3013	2688	3265	3573	4477	4029	3483	4126
H10	13679	12464	20621	19724	20408	26851	33828	33367	50863	48353
H11	3003	2388	3659	4142	4996	5259	8066	7422	17248	30632
H12	1919	2052	2058	2011	3513	3032	4536	4908	7960	11580
H13	655	571	1218	1304	2531	1940	1424	1454	4634	6765
H14	372	705	1095	872	1187	1618	2391	2252	4960	7599
H15	2767	3830	5230	5237	5626	7435	10756	9283	15258	17970
H16	1615	991	1736	1604	2309	3021	4214	5216	8156	9364
H17	1075	1807	2102	2206	3234	3360	5332	3823	7863	18269

续表

行业代码	2003 年	2004 年	2005 年	2006 年	2007 年	2008 年	2009 年	2010 年	2011 年	2012 年
H18	7468	5870	7855	7457	8130	9907	10844	11560	13638	15550
H19	35041	25144	34518	43550	54725	62953	82271	77221	132036	150192
H20	17518	13931	19584	25391	30778	40192	58117	55234	93467	106685
H21	3251	2521	4246	5954	7276	8176	10262	11248	14445	14806
H22	3762	3783	5505	5768	7089	10037	11608	14403	18189	62686
H23	3439	3200	4605	5207	10350	15398	13764	21681	28477	59216
H24	16202	10083	14175	14663	15369	22432	31950	30460	53107	100753
H25	23771	25801	35578	37933	49075	48874	68711	68282	81788	55169
H26	13557	9979	17556	19237	22891	27228	31696	30745	44746	65665
H27	5978	4881	9169	9883	12515	18345	25623	26406	40167	173046
H28	37920	36494	43369	49865	59700	72753	95485	98090	154694	156516
H29	32021	26032	38870	42822	51296	62240	85920	86738	146529	165581
H30	68391	63419	83618	92907	112912	121060	165475	176921	220087	260631
H31	35005	31088	43371	64144	70910	88196	121786	137965	205275	225983
H32	73331	73083	111486	122066	170923	201456	241402	278583	318018	380497
H33	8938	9998	12363	13238	17859	22474	29848	32578	61605	59411

附表12

各行业国有及国有控股企业工业总产值所占比重

单位：%

行业代码	2003年	2004年	2005年	2006年	2007年	2008年	2009年	2010年	2011年	2012年
H1	76.98	60.94	67.77	66.04	63.32	59.11	59.16	56.46	53.60	51.86
H2	92.23	96.09	90.51	98.90	96.89	96.11	94.59	94.70	92.09	91.27
H3	30.51	15.72	20.35	18.35	17.94	18.12	13.49	14.04	16.68	17.90
H4	41.22	38.53	41.01	38.78	32.97	27.99	24.68	27.35	28.70	30.19
H5	29.18	12.67	19.78	19.91	15.17	13.63	11.64	11.16	12.33	12.57
H6	17.57	11.37	10.27	8.25	7.39	5.49	5.40	5.64	5.43	5.44
H7	17.93	13.49	12.61	12.42	9.81	8.90	7.28	7.20	5.81	5.39
H8	38.08	30.95	27.31	22.93	20.63	18.79	17.29	16.05	16.47	16.20
H9	98.71	96.64	99.02	99.34	99.47	99.33	99.33	99.35	99.35	99.35
H10	15.45	9.08	7.29	5.88	4.45	3.14	2.54	2.41	2.36	2.30
H11	3.45	2.45	2.21	1.81	1.81	1.39	1.36	1.35	1.36	1.36
H12	1.82	1.05	0.70	0.67	0.49	0.82	0.39	0.30	0.30	0.27
H13	11.94	7.27	9.44	7.56	3.86	2.91	2.41	2.31	2.30	2.26
H14	3.46	2.63	3.76	3.66	2.77	2.05	2.32	2.55	1.75	1.59
H15	20.46	13.10	12.59	10.09	7.74	8.73	7.71	7.93	6.94	6.70
H16	27.08	16.23	19.97	17.50	16.26	14.02	13.04	12.34	11.51	11.03
H17	3.53	2.27	2.07	1.98	1.56	1.56	1.20	1.16	1.16	1.14

续表

行业代码	2003年	2004年	2005年	2006年	2007年	2008年	2009年	2010年	2011年	2012年
H18	85.40	81.87	79.65	75.59	75.54	72.39	70.35	70.92	68.59	68.02
H19	38.90	30.72	30.70	29.13	25.88	23.03	19.91	19.30	18.66	18.26
H20	36.80	30.92	23.94	19.85	17.97	15.44	12.69	12.86	11.83	11.56
H21	26.97	24.37	22.28	20.49	18.06	12.23	10.27	8.77	8.17	7.57
H22	25.52	18.01	18.33	14.21	13.69	13.12	12.38	12.83	12.14	12.06
H23	6.89	4.61	5.40	4.64	3.63	4.00	3.25	2.68	2.65	2.48
H24	18.90	11.39	13.02	11.47	10.51	10.50	9.56	9.93	10.64	11.03
H25	59.43	46.54	47.33	43.13	42.03	41.54	38.60	38.96	36.92	36.37
H26	40.72	33.52	34.45	33.44	32.25	29.61	27.03	28.32	28.83	29.46
H27	9.23	6.62	7.42	7.08	7.11	6.53	5.77	5.49	5.77	5.76
H28	30.85	20.66	23.39	21.51	19.16	16.67	15.45	13.19	12.53	11.69
H29	38.29	28.00	29.48	26.33	25.31	24.41	24.31	21.96	20.48	19.35
H30	62.05	51.94	51.83	50.17	49.77	44.82	46.41	46.51	43.98	43.20
H31	12.50	10.53	11.13	10.81	9.26	8.44	8.93	8.90	8.92	8.92
H32	21.87	15.56	13.22	7.68	6.50	8.79	8.66	7.89	8.34	8.23
H33	11.58	9.86	10.26	9.33	8.92	9.93	10.19	10.07	10.33	10.38

参考文献

［1］柏青、罗守贵：《R&D 投入及其绩效的两阶段实证研究——以7260 家上海市企业科技统计为例》，《研究与发展管理》2014 年第 1 期。

［2］察志敏：《国外科技统计发展与我国科技统计改革思路》，《统计研究》2000 年第 4 期。

［3］陈继勇、盛杨怿：《外商直接投资的知识溢出与中国区域经济增长》，《经济研究》2008 年第 12 期。

［4］陈开军、李斌、曾铮：《国家生产性投资、研发投资与经济增长——基于中国数据的协整分析》，《经济问题探索》2006 年第 1 期。

［5］程惠芳：《国际直接投资与开放型内生经济增长》，《经济研究》2002 年第 10 期。

［6］储中志：《人力资本投资对中国经济增长作用的实证分析》，《云南社会科学》2005 年第 3 期。

［7］崔胜先：《对部门科技统计工作的思考》，《科技管理研究》2005 年第 11 期。

［8］邓进：《中国高新技术产业研发资本存量和研发产出效率》，《南方经济》2007 年第 8 期。

［9］范黎波、宋志红、宋志华：《R&D 投入与经济增长的协整分析——基于中国 1987—2005 年数据》，《财贸经济》2008 年第 2 期。

［10］冯学慧：《经济增长中 R&D 与全要素生产率关系的实证研究》，硕士学位论文，河北大学，2013 年。

［11］高洪深、杨宏志：《知识经济学教程》，中国人民大学出版社2001 年版。

［12］高敏雪：《美国国民核算体系及其卫星账户应用》，经济科学出版社2001年版。

［13］郭金龙、张许颖：《结构变动对经济增长方式转变的作用分析》，《数量经济技术经济研究》1998年第9期。

［14］郭庆旺、贾俊雪：《中国经济波动的解释：投资冲击与全要素生产率冲击》，《管理世界》2004年第7期。

［15］郭庆旺、贾俊雪：《中国全要素生产率的估算（1979—2004）》，《经济研究》2005年第6期。

［16］郭庆旺、赵志耘、贾俊雪：《中国省份经济的全要素生产率分析》，《世界经济》2005年第5期。

［17］韩国珍：《产业结构和所有制结构的差异——关于东西部地区经济增长差距的一种解释》，《兰州大学学报》2002年第6期。

［18］何枫、陈荣、何林：《我国资本存量的估算及其相关分析》，《经济学家》2003年第5期。

［19］洪名勇：《初始条件、市场化改革与区域经济非均衡增长的实证研究》，《中国软科学》2004年第5期。

［20］黄少安：《关于制度变迁的三个假说及其验证》，《中国社会科学》2000年第4期。

［21］金明路：《所有制结构均衡与浙江经济增长》，《中共浙江省委党校学报》2002年第5期。

［22］柯彤：《从意大利科技统计的现状看我国科技统计的发展》，《中国统计》1995年第1期。

［23］雷钦礼：《制度变迁技术创新与经济增长》，中国统计出版社2003年版。

［24］李佳、郑文范：《关于扩充现行科技统计指标体系的探讨》，《中国科技论坛》1999年第4期。

［25］李京文、龚飞鸿、明安书：《生产率与中国经济增长》，黑龙江人民出版社1996年版。

［26］李小平、卢现祥、朱钟棣：《国际贸易、技术进步和中国工业行业的生产率增长》，《经济学》（季刊）2008年第1期。

[27] 李小平、朱钟棣:《国际贸易、R&D 溢出和生产率增长》,《经济研究》2006 年第 2 期。

[28] 李小胜:《中国 R&D 资本存量的估计与经济增长》,《中国统计》2007 年第 11 期。

[29] 李雪峰:《中国人力资本投资与研发(R&D)投资比较分析——基于一个三部门增长模型》,《生产力研究》2005 年第 12 期。

[30] 李治国、唐国兴:《资本形成路径与资本存量调整模型——基于中国转型时期的分析》,《经济研究》2003 年第 2 期。

[31] 联合国等:《国民经济核算体系(2008)》,中国统计出版社 2011 年版。

[32] 联合国等:《国民经济核算体系(1993)》,中国统计出版社 1995 年版。

[33] 林毅夫:《制度技术与中国农业发展》,上海三联书店 1994 年版。

[34] 刘建翠:《R&D 和全要素生产率——基于高技术产业的实证分析》,《华东经济管理》2007 年第 9 期。

[35] 刘娟娟:《高校科技统计指标动态聚类标准方案变化影响研究》,《技术与创新管理》2007 年第 5 期。

[36] 刘树梅:《我国科技统计发展概况》,《科技管理研究》2007 年第 2 期。

[37] 刘伟、李绍荣:《产业结构与经济增长》,《中国工业经济》2002 年第 5 期。

[38] 卢现祥:《西方新制度经济学》,中国发展出版社 1996 年版。

[39] 路守胜:《研究与开发卫星账户的建立方法研究》,《现代商业》2009 年第 35 期。

[40] 路征:《珠三角地区经济增长与收入分配的关系研究》,《珠江经济》2008 年第 1 期。

[41] 吕忠伟、袁卫:《财政科技投入和经济增长关系的实证研究》,《科学管理研究》2006 年第 10 期。

[42] 吕忠伟、袁卫:《中国知识生产函数的协整分析》,《统计与决

策》2006 年第 12 期。

[43] OECD：《弗拉斯卡蒂手册》，张玉勤译，科学技术文献出版社 2010 年版。

[44] OECD：《以知识为基础的经济》，机械工业出版社 1997 年版。

[45] OECD：《资本测算手册》，中国统计出版社 2004 年版。

[46] 骆品亮、向盛斌：《R&D 的外部性及其内部化机制研究》，《科研管理》2001 年第 9 期。

[47] 马世骁、郑文范：《关于改进我国现行科技统计年报设计问题的探讨》，《统计研究》1999 年第 10 期。

[48] 潘向东、廖进中、赖明勇：《经济制度安排、国际贸易与经济增长影响机理的经验研究》，《经济研究》2005 年第 11 期。

[49] 任文静：《R&D 资本化对我国国民经济核算体系的影响研究——基于 SNA2008 的分析》，硕士学位论文，河北大学，2014 年。

[50] 沈坤荣：《新增长理论与中国经济增长》，南京大学出版社 2003 年版。

[51] 沈坤荣：《中国综合要素生产率的计量分析与评价》，《数量经济技术经济研究》1997 年第 11 期。

[52] 沈坤荣、耿强：《外国直接投资、技术外溢与内生经济增长——中国数据的计量检验与实证分析》，《中国社会科学》2001 年第 5 期。

[53] 沈利生、朱运法：《人力资源开发与经济增长关系的定量研究》，《数量经济技术经济研究》1997 年第 12 期。

[54] "SNA 的修订与中国国民经济核算体系改革"课题组：《SNA 的修订对 GDP 核算的影响研究》，《统计研究》2012 年第 10 期。

[55] "SNA 的修订与中国国民经济核算体系改革"课题组：《SNA 的修订及对中国国民经济核算体系改革的启示》，《统计研究》2012 年第 6 期。

[56] "SNA 的修订与中国国民经济核算体系改革"课题组：《SNA 关于生产资产的修订及对中国国民经济核算的影响研究》，《统计研究》2012 年第 12 期。

[57] 施建军、张台秋：《科技统计发展：方向与思考》，《统计研究》

2002 年第 1 期。

[58] 舒元、徐现祥：《中国经济增长模型的设定：1952—1998》，
《经济研究》2002 年第 11 期。

[59] 孙敬水：《TFP 增长率的测定与分解》，《数量经济技术经济研究》1996 年第 9 期。

[60] 孙琳琳、任若恩：《中国资本投入和全要素生产率的估算》，
《世界经济》2005 年第 2 期。

[61] 王大辉、李红刚：《R&D 投资与经济增长》，《北京师范大学学报》（自然科学版）2005 年第 5 期。

[62] 王海鹏、田澎、靳萍：《中国科技投入与经济增长的 Granger 因果关系分析》，《系统工程》2005 年第 7 期。

[63] 王金营：《中国和印度人力资本投资在经济增长中作用的比较研究》，《教育与经济》2001 年第 2 期。

[64] 王金营、黄乾：《中国各地区经济增长差异的制度变迁因素》，
《财经科学》2004 年第 5 期。

[65] 王俊：《我国制造业 R&D 资本存量的测算（1998—2005）》，
《统计研究》2009 年第 4 期。

[66] 王孟欣：《R&D 资本的性质分析》，《商业时代》2012 年第 34 期。

[67] 王孟欣：《工业行业研究和开发资本与经济增长——基于研究和开发资本存量的面板数据研究》，《河北经贸大学学报》2011 年第 1 期。

[68] 王孟欣：《美国 R&D 资本存量测算及对我国的启示》，《统计研究》2011 年第 6 期。

[69] 王孟欣：《完善我国 R&D 统计制度的对策思考》，《改革与战略》2011 年第 5 期。

[70] 王孟欣：《我国区域 R&D 资本存量的测算》，《江苏大学学报》（社会科学版）2011 年第 1 期。

[71] 王孟欣等：《我国各省份工业企业 R&D 效率的 DEA 模型分析》，
《河北大学学报》（哲学社会科学版）2008 年第 4 期。

［72］ 王绍光、胡鞍钢：《中国：不平衡发展的政治经济学》，中国计划出版社 1999 年版。

［73］ 王文博、陈昌兵、徐海燕：《包含制度因素的中国经济增长模型及实证分析》，《统计研究》2002 年第 5 期。

［74］ 王小鲁、樊纲：《中国经济增长的可持续性——跨世纪的回顾与展望》，经济科学出版社 2000 年版。

［75］ 王益煊、吴优：《中国国有经济固定资本存量初步测算》，《统计研究》2003 年第 5 期。

［76］ 王英伟、成邦文：《我国研究与发展对全要素生产率影响的定量分析》，《科技管理研究》2005 年第 6 期。

［77］ 王岳平、葛岳静：《我国投资倾斜与地区差距变动的实证分析》，《经济问题》1997 年第 3 期。

［78］ 王志乐：《跨国公司投资对中国经济的积极影响》，《世界经济》1996 年第 8 期。

［79］ 魏和清：《SNA2008 关于 R&D 核算变革带来的影响及面临的问题》，《统计研究》2012 年第 11 期。

［80］ 魏和清：《对完善我国高新技术产业统计的思考》，《中国统计》1999 年第 12 期。

［81］ 吴林海、杜文献：《中国 R&D 投入与经济增长的关系——基于 1991—2005 年间中国科技统计数据的协整分析》，《科学管理研究》2008 年第 2 期。

［82］ 吴延兵：《R&D 资本存量、知识函数与生产效率》，《经济学》（季刊）2006 年第 7 期。

［83］ 吴延兵：《中国工业 R&D 产出弹性的测算》，《经济学》（季刊）2008 年第 4 期。

［84］ 熊俊：《要素投入、全要素生产率与中国经济增长的动力》，中国财政经济出版社 2008 年版。

［85］ 徐冬林、郭云南：《R&D 投入对中国经济增长的动态时滞效应分析》，《中南财经政法大学学报》2007 年第 6 期。

［86］ 玄兆辉：《台湾地区科技统计体系及特征分析》，《台湾研究集

刊》2014 年第 4 期。

[87] 亚当·斯密:《国民财富的性质和原因的研究》, 商务印书馆 1972 年版。

[88] 杨鹏:《我国区域 R&D 知识存量的经济计量研究》,《科学学研究》2007 年第 3 期。

[89] 杨仲山、何强:《国民经济核算体系 (1993SNA) 修订问题研究》, 东北财经大学出版社 2008 年版。

[90] 姚树洁、冯根福、韦开蕾:《外商直接投资和经济增长的关系研究》,《经济研究》2006 年第 12 期。

[91] 姚洋:《非国有经济成分对我国工业企业技术效率的影响》,《经济研究》1998 年第 12 期。

[92] 叶茂林、郑晓齐、王斌:《教育对经济增长贡献的计量分析》,《数量经济技术经济研究》2003 年第 1 期。

[93] 尹敬东:《外贸对经济增长的贡献:中国经济增长奇迹的需求解析》,《数量经济技术经济研究》2007 年第 10 期。

[94] 育东:《美国的科技信息政策与科技统计》,《全球科技经济瞭望》1995 年第 5 期。

[95] 袁卫、赵路、钟卫等:《中国 R&D 理论、方法及应用研究》, 中国人民大学出版社 2009 年版。

[96] 岳金桂:《中国 R&D 投入与经济增长的协整分析》,《河海大学学报》(自然科学版) 2007 年第 5 期。

[97] 曾卫锋:《国际 R&D 溢出、贸易方式与中国的经济增长》,《财贸经济》2008 年第 8 期。

[98] 张海洋:《R&D 两面性、外资活动与中国工业生产率增长》,《经济研究》2005 年第 5 期。

[99] 张军、吴桂英、张吉鹏:《中国省际物质资本存量估算:1952—2000》,《经济研究》2004 年第 10 期。

[100] 张军、施少华:《中国经济全要素生产率变动:1952—1998》,《世界经济文汇》2003 年第 2 期。

[101] 张军、章元:《对中国资本存量 K 的再估计》,《经济研究》

2003 年第 7 期。

[102] 张米尔、王兆华、邸国永：《科技统计的时滞问题及解决方案研究》，《科学学与科学技术管理》2001 年第 11 期。

[103] 张孝德：《中国经济发展的四大动力》，《经济学家》1999 年第 5 期。

[104] 赵喜仓等：《中国 R&D 统计理论、方法及应用研究》，北京师范大学出版社 2011 年版。

[105] 郑京平、杜宇、巴威：《我国利用外资现状的定量分析和初步研究》，《管理世界》1998 年第 1 期。

[106] 中国赴美科技代表团：《美国的科技统计》，《中国统计》1997 年第 5 期。

[107] 钟卫、袁卫：《我国高校 R&D 统计口径研究》，《统计研究》2007 年第 9 期。

[108] 周小亮：《制度绩效递减规律与我国 21 世纪初新一轮体制创新研究》，《财经问题研究》2001 年第 2 期。

[109] 周英章、蒋振声：《我国产业结构变动与实际经济增长关系实证研究》，《浙江大学学报》（人文社会科学版）2002 年第 3 期。

[110] 朱春奎：《财政科技投入与经济增长的动态均衡关系研究》，《科学学与科学技术管理》2004 年第 3 期。

[111] 朱慧明、韩玉启：《产业结构与经济增长关系的实证分析》，《运筹与管理》2003 年第 2 期。

[112] 朱文静：《我国 R&D 投入与经济增长的协整分析》，《商业经济》2008 年第 11 期。

[113] 朱学新：《科技创新和经济增长关系的实证研究》，《科学管理研究》2007 年第 6 期。

[114] 朱勇、张宗益：《技术创新对经济增长影响的地区差异研究》，《中国软科学》2005 年第 11 期。

[116] Adam M. Copeland, Gabriel W. Medeiros and Carol A. Robbins, "Estimating Prices for R&D Investment in the 2007 R&D Satellite

Account", Bureau of Economic Analysis/National Science Foundation 2007 R&D Satellite Account Background Paper, http: //www. bea. gov/national /rd. htm.

[117] Adams, J. D. and A. B. Jaffe, "Bounding the Effects of R&D: An Investigation Using Matched Establishment – Firm Data", *Rand Journal of Economics*, Vol. 27. No. 4, 1996, pp. 700 – 721.

[118] Aghion, P. and P. Howitt, "A Model of Growth Through Creative Destruction", *Econometrica*, Vol. 60, No. 2, 1992, pp. 323 – 351.

[119] Ann Harrison, "Openness and Growth: A Time – Series, Cross – Country Analysis for Developing Countries", *Journal of Development Economics*, Vol. 48, No. 2, 1996, pp. 419 – 447.

[120] Australian Bureau of Statistics, "Implementation of New International Statistical Standards in ABS National and International Account", http: //www. abs. gov. au, Canberra, 2009 – 10 – 28.

[121] Beason, Richard and David E. Weinstein, "Growth , Economies of Scale and Targeting in Japan (1955 – 1990)", *The Review of Economics and Statistics*, Vol. 78, 1996, pp. 285 – 295.

[122] Bernstein, J. I. , "Costs of Production, Intra and Inter – Industry R&D Spillovers: The Canadian Evidence", *Canadian Journal of Economics*, Vol. 21, No. 2, 1998, pp. 324 – 347.

[123] Borenstein E. , Gregorio J. D. and Lee J. W. , "How Does Foreign Direct Investment Affect Economic Growth", *Journal of International Economics*, Vol. 45, 1998: pp. 115 – 135.

[124] Brian K. Sliker, "R&D Satellite Account Methodologies: R&D Capital Stocks and Net Rates of Return", Bureau of Economic Analysis/National Science Foundation R&D Satellite Account Background Paper, http: //www. bea. gov/national/rd. htm.

[125] Charles Ian Mead, "R&D Depreciation Rates in the 2007 R&D Satellite Account", Bureau of Economic Analysis/National Science Foundation 2007 R&D Satellite Account Background Paper, ht-

tp: //www. bea. gov/national/rd. htm.

[126] Chenery, Hollis, "Patterns of Industrial Growth", *American Economic Review*, Vol. 50, No. 4, 1960, pp. 624 – 654.

[127] Christian Gysting, *A Satellite Account for Research and Development (1990 – 2003)*, Published by Statistics Denmark, 2006.

[128] Cuneo, P. and J. Mairesse, "Productivity and R&D at the Firm Level in French Manufacturing", in Griliches, Z. ed. , *R&D, Patents and Productivity*, Chicago: University of Chicago Press, 1984.

[129] Coe David T. and Elhanan Helpman, "International R&D Spillovers", *European Economic Review*, Vol. 39, No. 5, 1995, pp. 859 – 887.

[130] Dilling – Hansen, M. , T. Eriksson and E. S. Madsen," The Impact of R&D on Productivity: Evidence from Danish Firm – Level Data", *International Advances in Economic Research*, Vol. 6, No. 2, 2000.

[131] Coe D. , E. Helpman and A. Hoffmaister, "North – South R&D Spillovers", *Economic Journal*, Vol. 107, No. 440, 1997, pp. 134 – 149.

[132] Mansfield Edwin, "Rates of Return from Industrial Research and Development", *The American Economic Review*, Vol. 55, No. 12, 1965, pp. 310 – 322.

[133] Englander, A. , R. Evenson and M. Hanazaki, "R&D, Innovation and the Total Factor Productivity Slowdown", *OECD Economic Studies*, 1988, 11, 7 – 43.

[134] Goto, Akira and K. Suzuki, "R&D Capital, Rate of Return on R&D Investment and Spillover of R&D in Japanese Manufacturing Industries", *Review of Economics and Statistics*, Vol. 71, No. 4, 1989, pp. 555 – 564.

[135] Griliches , Zvi and J. Mairesse, "R&D and Productivity Growth: Comparing Japanese and U. S. Manufacturing Firms", in Hulten , Charles ed. , *Productivity Growth in Japan and the United States*,

Chicago: Chicago University Press, 1990.

[136] Griliches, Zvi and Frank R. Lichtenberg, "Interindustry Technolo-gy Flows and Productivity Growth: A Reexamination", *Review of E-conomic Studies*, Vol. 66, No. 2, 1984, pp. 324 – 329.

[137] Griliches, Zvi, "Productivity, R&D and Basic Research at the Firm Level in the 1970s", *American Economic Review*, Vol. 76, No. 1, 1986, pp. 141 – 154.

[138] Griliches, Zvi, "R&D and the Productivity Slowdown", *American Economic Review*, Vol. 70, No. 2, 1980a, pp. 343 – 348.

[139] Griliches, Zvi, "Productivity, R&D and the Data Constraint", *A-merican Economic Review*, Vol. 84, No. 1, 1994, pp. 1 – 23.

[140] Griliches, Zvi, "Returns to Research and Development Expendi-tures in the Private Sector", in Kendrick, J. and Vaccara, B., ed., *New Development in Productivity Measurement and Analysis*, Chicago: University of Chicago Press, 1980b.

[141] Griliches, Zvi., "Issues in Assessing the Contribution of Research and Development to Productivity Growth", *The Bell Journal of Eco-nomics*, Vol. 10, No. 1, 1979, pp. 92 – 116.

[142] Macdougall, G. D. A., "The Benefits and Costs of Private Investment from Abroad: A Theoretical Approach", *Oxford Bulletin of Economics and Statistics*, Vol. 22, No. 3, 1960, pp. 189 – 211.

[143] Hall, B. H. and Mairesse, J., "Exploring the Relationship be-tween R&D and Productivity in French Manufacturing Firms", *Jour-nal of Econometrics*, Vol. 65, No. 1, 1995, pp. 263 – 293.

[144] Harhoff, D., "Are There Financing Constraints for R&D and In-vestment in German Manufacturing Firms?", *Annales of Economics and Statistics*, Vol. 49, 1998, pp. 421 – 456.

[145] Holz, Carsten A., "New Capital Estimates for China", *China Eco-nomic Review*, Vol. 17, 2006, pp. 142 – 185.

[146] Hu, Albert G. Z., G. Jefferson and J. Qian, "R&D and Technology

Transfer: Firm – Level Evidence from Chinese Industry", *Review of E-conomics and Statistics*, Vol. 87, No. 4, 2005, pp. 780 –786.

[147] Hu, Albert G. Z. , "Ownership, Government R&D, Private R&D, and Productivity in Chinese Industry", *Journal of Comparative Economics*, Vol. 29, No. 1, 2001, pp. 136 – 157.

[148] Hulya, Ulku, *R&D Innovation and Economic Growth: An Empirical Analysis*, IMF Working Paper, No. 04/185, 2004.

[149] HyeogUg Kwon and Tomohiko Inui, "R&D and Productivity Growth in Japanese Manufacturing Firms", ESRI Discussion Paper Series, No. 44, 2003.

[150] Jaffe, Adam, "Technological Opportunity and Spillovers of R&D: Evidence from Firms' Patents, Profits and Market Value", *American Economic Review*, Vol. 76, No. 5, 1986, pp. 984 – 1001.

[151] James R. Markusen and Anthony J. Venables, "The Role of Multi-national Firms in the Wage – Gap Debate", *Review of International Economics*, Vol. 5, No. 4, 1997 , pp. 435 –451.

[152] Jefferson, G. H. , Bai Huamao, Guan Xiaojing and Yu Xiaoyun, "R&D Performance in Chinese Industry", *Economics of Innovation and New Technology*, Vol. 15, No. 4/5, 2006.

[153] Jennifer Lee and Andrew G. Schmidt, " Research and Development Satellite Account Update: Estimates for 1959 – 2007", *Survey of Current Business*, No. 12, 2010 .

[154] Jensen, Elizabeth J. , "Research Expenditures and the Discovery of New Drugs", *Journal of Industrial Economics*, Vol. 36, No. 1, 1987, pp. 83 – 95.

[155] Jones, Charles and John Williams, "Measuring the Social Return to R&D", *Quarterly Journal of Economics*, Vol. 113, No. 4, 1998, pp. 1119 – 1135.

[156] Jorgenson D. W. and Z. Griliches, "The Explanation of Productivity Change", *The Review of Economic Studies*, Vol. 34, No. 3, 1967,

pp. 249 – 283.

[157] Kim, S. and Y. Kim, "Growth Gains from Trade and Education", *Journal of International Economics*, Vol. 50, No. 2, 2000, pp. 519 – 545.

[158] Kwon H. U. and T. Inui, "R&D and Productivity Growth in Japanese Manufacturing Firms", ESRI discussion paper, 2003, No. 44.

[159] Lederman, Daniel and William F. Maloney "R&D and Development", World Bank Policy Research Working Paper, No. 3024, 2003.

[160] Lee, J. W. , "Capital Goods Imports and Long – Run Growth," *Journal of Development Economics*, No. 48, 1995, pp. 91 – 110.

[161] Lichtenberg, Frank R. , "R&D Investment and International Productivity Differences", NBER Working Paper, No. 4161, 1993.

[162] Lichtenberg, F. , D. Siegel, "The Impact of R&D Investment on Productivity: New Evidence Using Linked R&D – LRD Data", *Economic Inquiry*, Vol. 29, No. 2, 1991, pp. 203 – 229.

[163] Mairesse, J. and B. Hall, "Estimating the Productivity of Research and Development in French and United States Manufacturing Firms: An Exploration of Simultaneity Issues with GMM Methods", in Wagner K. and B. Van Ark, eds. , *International Productivity Difference and Their Explanations*, Elsevier Science, 1996.

[164] Mansfield, E. , "Industrial R&D in Japan and the United States: A Comparative Study", *American Economic Review*, Vol. 78, No. 2, 1988, pp. 223 – 228.

[165] Mansfield, E. , "Basic Research and Productivity Increase in Manufacturing", *American Economic Review*, Vol. 70, No. 5, 1980, pp. 863 – 873.

[166] Mansfield, E. , John Rapoport, Anthony Romeo, Samuel Wanger and Geogre Seardsley, "Social and Private Rates of Return from Industrial Innovations", *Quarterly Journal of Economics*, Vol. 91, No. 2, 1977, pp. 221 – 240.

[167] Mark Bils and Peter J. Klenow, "Does Schooling Cause Growth?",

The American Economic Review, Vol. 90, No. 5, 2000, pp. 1160 – 1183.

[168] Nadiri, M. Ishaq, "Sectoral Productivity Slowdown", *American Economic Review*, Vol. 70, No. 2, 1980, pp. 349 – 352.

[169] OECD, *Experience of OECD Countries in Implementing the 2008SNA (ESA 2010)*, 7th Meeting of the Advisory Expert Groupon National Accounts, New York, 2012.

[170] OECD, *Frascati Manual: Proposed Standard Practice for Surveys on Research and Experimental Development*, Paris: OECD, 2002.

[171] OECD, *Handbook on Deriving Capital Measures of Intellectual Property Products*, Paris: OECD, 2010.

[172] Pantelis Kalaitzidakis, Theofanis P. Mamuneas, Andreas Savvides and Thanasis Stengos, "Measures of Human Capital and Nonlinearities in Economic Growth", *Journal of Economic Growth*, Vol. 6, No. 3, 2001, pp 229 – 254.

[173] Patel, P. and L. Soete, "Measuring the Economic Effects of Technology", *STI Review* (Organization for Economic Cooperation and Development), Vol. 4, 1988, pp. 121 – 166.

[174] Robert J. Barro, "Economic Growth in a Cross Section of Countries", *The Quarterly Journal of Economics*, Vol 106, No. 2., 1991, pp. 407 – 443.

[175] Romer, P. M., "Endogenous Technological Change", *Journal of Political Economy*, Vol. 98, No. 5, 1990, pp. S71 – S102.

[176] Romer, P. M., "Increasing Returns and Long – Run Growth", *Journal of Political Economy*, Vol. 94, No. 5, 1986, pp. 1002 – 1037.

[177] Ronald Findlay, "Relative Prices, Growth and Trade in a Simple Ricardian System", *Economica*, Vol. 41, No. 161, 1974, pp. 1 – 13.

[178] Sachs, J. D. and A. M. Warner, "Economic Reform and the Process of Global Integration", *Brookings Papers on Economic Activ-*

ity, 1995, pp. 1 – 118.

[179] Schankerman, M. , "The Effects of Double – Counting and Expensing on the Measured Returns to R&D", *Review of Economics and Statistics*, Vol. 63, No. 3, 1981, pp. 454 – 458.

[180] Scherer, Frederic M. , "Inter – Industry Technology Flows and Productivity Growth", *Review of Economics and Statistics*, Vol. 64, No. 4, 1982, pp. 627 – 634.

[181] Shorrocks, A. F. , "Inequality Decomposition by Population Subgroups", *Econometrica*, Vol. 52, No. 6, 1984, pp. 1369 – 1385.

[182] Sveikauskas, C. D. and L. Sveikauskas, "Industry Characteristics and Productivity Growth", *Southern Economic Journal*, Vol. 48, No. 3, 1982, pp. 769 – 774.

[183] Terleckyj, Nestor, "Direct and Indirect Effects of Industrial Research and Development on the Productivity Growth of Industries", in J. W. Kendrick and B. N. Vaccara, eds. , *New Developments in Productivity Measurement and Analysis*, Chicago: University of Chicago Press, 1980.

[184] Tetsunori Koizumi, Kenneth J. Kopecky, "Foreign Direct Investment, Technology Transfer and Domestic Employment Effects", *Journal of International Economics*, Vol. 10, No. 1, 1980, pp. 1 – 20.

[185] Titus O. Awokuse, "Causality between Exports, Imports and Economic Growth: Evidence from Transition Economies", *Economics Letters*, Vol. 94, No. 3, 2007, pp. 389 – 395.

[186] Wang, Jiann – Chyun and Kuen – Hung Tsai, "Productivity Growth and R&D Expenditure in Taiwan's Manufacturing Firms", Working Paper, No. 9724, Cambridge, Mass: National Bureau of Economic Research, 2003.

[187] Wang, L. and Adam Szirmai , "Technological Inputs and Productivity Growth in China's High – Tech Industries", ECIS Working

Papers, No. 0327, 2003.

[188] Yoo Jin Han, "Measuring Industrial Knowledge Stocks with Patents and Papers", *Journal of Informetrics*, Vol. 1, No. 4, 2007, pp. 269 –276.

后 记

　　本书是王孟欣教授主持的国家社会科学基金青年项目"我国研发（R&D）资本存量测算研究"（11CTJ011）的最终研究成果，在项目结项报告的基础上经修订而成。本项目由王孟欣教授主持，参与项目研究的有王俊霞副教授、宗明刚副教授、曹颖琦副教授，以及任文静、冯学慧等研究生；王超、韩莎莎、杨娜、李汉陟、季琳、岳亚卿等研究生也参与了部分数据收集及处理工作。全书最终由王孟欣、王俊霞负责总撰和统稿。

　　受研究时间、数据资料等方面的限制，本书的研究肯定也存在一些不足之处，欢迎各位读者批评指正。

王孟欣　王俊霞

2016 年 8 月